말해지지 않은 것들에 대한 에세이

Wir hätten uns alles gesagt by Judith Hermann
ⓒ S. Fischer Verlag, Frankfurt am Main 2023
Korean Translation ⓒ 2025 by BADA Publishing Co., Ltd.
All rights reserved.
The Korean language edition published by arrangement with
S. Fischer Verlag GmbH through MOMO Agency, Seoul.

이 책의 한국어판 저작권은 모모 에이전시를 통해
S. Fischer Verlag GmbH사와의 독점 계약으로
'(주)바다출판사'에 있습니다. 저작권법에 의해 한국 내에서
보호를 받는 저작물이므로 무단전재와 무단복제를 금합니다.

신동화 옮김

유디트 헤르만

Wir hätten uns alles gesagt

말해지지 않은 것들에 대한 에세이

Judith Hermann

바다출판사

나의 가족을 위하여

우리는 모든 걸 말했을 텐데
글쓰기에서의 침묵하기와 숨기기에 관하여
프랑크푸르트 시학 강의록

이 강의록 작업은 쉽지 않았다. 시작부터 끝까지 가는 도중에 예기치 않게 사적인 부분이 텍스트에 드러났는데, 그것이 후회할 일인지는 나중에 밝혀지리라. 글쓰기에 대한 글쓰기는 사실 예상대로 피한 것 같은데, 그 대신 글쓰기에 영향을 준 사람들과 상황들이 나타났다. 1부에서는 정신분석가 드레휘스 박사에 관해, 아다와 마르코에 관해, 그리고 가족에 관해서도 살짝 이야기한다. 2부에서는 가족에 관해 더 많은 것을 이야기한다. 그리고 3부에 가서는 그래도 영향과 글쓰기를 서로 연결 지으려 시도한다.

일러두기

- 본문의 각주는 모두 옮긴이 주이다.
- 볼드 처리된 단어와 문장은 원서의 강조를 그대로 옮긴 것이다.
- 외국어의 인명과 지명은 국립국어원의 외래어표기법을 참고하되, 일부 독일어 발음은 소리 나는 대로 표기하였다.

I

얼마 전 나는 한밤중에 베를린 카스타니엔알레에 있는 이른바 심야 상점에서 우연히 뜻밖에 나의 정신분석가와 마주쳤다. 정신분석이 끝나고 이 년 뒤였고, 내가 수년간 누웠던 소파가 있는 방 밖에서 만난 건 처음이었다.

그날 저녁 나는 친하게 지내는 유일한 작가인 G와 길을 가던 중이었다. 앞서 우리는 에베르스발더 거리의 한 이탈리아 식당에서 식사를 하고 어느 술집 앞에서 함께 와인을 몇 잔 마셨다. G가 시가 전차 타는 곳으로 나를 데려다준다고 했고, 우리는 정류장으로 가는 길에 각자의 어머니에 대해 말하기 시작했다. 어머니에 대한 이 대화, 가벼운 취기, 그리고 우리가 옛 길들을—아르코나, 라인스베르거, 볼리너, 우리가 젊은 시절에, 그러니까 정말 사반세기 전에, 아직 눈이 내리고 우리 주위의 세상이 흑백이고 순수한 시였을 적에 다니던 거리들—걷고 있다는 사실로 말미암아 나는 시가 전차를 한 대 한 대 떠나보냈고 우리는 카스타니엔알레의 어느 집 문 앞 계단에 앉았는데 우리 둘 다 불쑥 담배 한 대가 피우고 싶어졌다. 비록 우리는 벌써 오래전에 담배를 끊었는데도 말이다.

젊은 여자 하나가 담배를 피우며 우리 앞을 지나갔고, 나는 그녀에게 말을 걸었다. 담배 한 개비를 줄 수 있느냐고 묻자 그녀는 미안하다고, 담배가 없다고, 하지만 저기 가면—그녀는 길 맞은편의 심야 상점을 가리켰다—담배를 낱개로 살 수 있다고 했다. 즉 예전처럼. 우리는 길을 건너 심야 상점에 들어갔고 가게 안에는 아랍인 주인이 계산대 뒤에 앉아 있었다. 그리고 계산대 앞에 나의 정신분석가인 드레휘스 박사가 서서 이제 막 노란 아메리칸 스피릿의 멋진 소프트팩 한 갑을 계산하려던 참이었다.

살면서 나는 사람들을 익숙한 구조 밖에서 마주치면 알아보지 못하기가 일쑤였다. 나는 드레휘스 박사를 상담실 밖에서 만난 적이 없었다. 따지고 보면 상담실에서도 만난 적이 없었다. 그가 일주일에 세 번 문을 열어 주면 나는 그를 지나쳐 현관을 통과해 방에 들어간 뒤 재킷을 벗어 정해진 의자에 걸쳐 두었다. 그러고 나서 나는 소파에 눕고, 그는 내 뒤에서 안락의자에 자리를 잡았다. 상담 시간이 끝나면 이 과정이 거꾸로 진행되었다. 나는 일어나 다시 재킷을 입으면서 얼떨떨하게 창밖을 내다보았고, 그는 앞장서 현관을 지나 문을 열어 주었고, 우리는 악수를 나누고 그는 내 등 뒤로 문을 닫았다. 내가 그의 얼굴을, 그의 형체와 외관을 어느 정도 머릿속에 새겨 두었다는 것 자체가 기적이었다. 심야 상점에서 나는 그 사람보다 빨랐다. 내가 먼저 그를 알아보았다. 혹은, 내가 먼저 깨달았다. 그리고 나는 그 상황을 놀랍다고 여길 만큼, 그리고 내가 그 상황을 놀랍게 여긴다는 걸 내색하지 않을 만큼 충분히 정신이 말짱했다. 나는 놀란 가슴으로 공손히 드레휘스 박사에게 인사하고는 그와 G를 서로 소개해 주었다. 나로서는 재미 있는 일이었던 게, 둘은 서로에 대해 알고 있었기 때문이다. G는 상담 시간에 하던 이야기들에 등장했고, G 자신도 이 상담에 대해 몇몇 이야기를 들어야 했던 것이다.

이 사람이 G예요. 그 G랍니다.
 G, 이제 곧 오늘을 마감하기 전에 정말 마지막인데, 내 분석가인 드레휘스 박사님이야.

나의 예전 분석가. 우리 셋 모두는 서로에게 살짝 몸을 굽혔다. 이 순간에 대한 기억에서 유감스럽게도 나는 아랍인 주인을 놓쳤다. 우리를 향한 그의 시선, 가게의 단골손님인 듯하고 어쩌면 지금까지 자신이 분석가라는 걸 드러내지 않았을지 모를 드레휘스 박사를 향한 그의 시선을 말이다. 여하튼, 나는 이 기묘한 기회를 놓치지 않고 드레휘스 박사에게 담배 두 개비를 청했다. 우리는 심야 상점 앞으로 나왔다. 몇 마디를 주고받았다. 어떻게 지내요, 잘 지내요, 고마워요, 어떻게 지내시나요. 그동안 그는 소프트팩을 우아하게 톡톡 두드려 담배를 빼낸 뒤 우리에게 건넸고, 내가 분석을 받던 시절에 실은 담배를 끊었던 것에 대해서는 친절하게도 일언반구도 하지 않았다. 그가 아주 자연스럽게 행동한 반면에 나는 정신 줄을 놓지 않으려 애썼다. 나는 모든 걸 단번에 머릿속에 새겨 넣으려 했다. 몸짓이며 표정, 그가 입은 약간 화려한 양복, 우리에게 라이터를 대 주고 미소를 짓고 무심하게 거리를 유지하는 방식을. 나는 드레휘스 박사가 존재하지 않는다고 여겼었다. 그가 상담 시간 동안에 사람으로 물질화하고 상담 시간이 끝나면 먼지로 바스러졌다가 이틀 뒤에 다시 생겨나는 특수한 나방의 일종이라고. 당연하게도 나는 드레휘스 박사가 상담실 밖에서는 어떤 삶을 살아갈까 생각하느라 골머리를 썩였고 내가 도달한 결론은 그에게 상담실 밖의 삶이란 없다는 것이었다. 무엇보다 그는 흠잡을 데 없는 분석가로서 자신의 존재, 약간 멋 부린 셔츠들, 다림질한 바지들, 상담실의 내부 설비, 때때로 우연인 듯 탁자 위에 놓인 책 한 권을 제외하고는 개인적인 삶에 대해 아주 사소한 디테일도 드러내지 않았으니까. 창가의 눕는 소파, 소파 머리맡의 닳아 해진 안락의자, 반쯤 빈 책장, 빈 책상과 함께 드레휘스 박사는 그 방에서 나를 위해 살았다. 그 방 밖에서 그는 존재하지 않았다. 그런데 돌연 그가 내 앞에 있었던 것이다. 나는 그가 대 준 라이터로 담뱃불을 붙였다. 나는 내 얼굴 가까이에서 그의 손을 알아보았다. 그가 살짝 취했고 나처럼 느지막한 밤에 말하자면 끈을 놓아 버렸다는 걸 알아보았다. 그는 G에게도 불을 붙여 주었다. 그러고 나서 우리에게 작별 인사를 하고 길을 걸어 내려갔다. 삼 미터쯤 길을 걸어 내려가더니 한 술집 입구로 사라졌다. 내가 느끼기에 술집은 그 순간에 비로소 완전한 무無에서 생겨나 오직 그만을 위해 열렸다가 그의 등 뒤로 다시 닫혔다. 심야 상점 앞에는 기울어진 벤치가 있었고, 나는 앉아야만 했다. G 역시 앉아야만 했고, 우리는 아연한 채로 우리의 금지된 담배를 끝까지 피웠다. 이 만남에 대한 나의 경악을 G와 함께 나눈다는 게 위안이 되었다. 그는 방금 벌어진 상황이 실제인지, 우디 앨런이나 짐 자무쉬의 영화에서처럼 그것이 웜 홀 안에서 일어난 일이며 와인, 어머니에 대한 대화, 과거로 가는 길들이 불러일으킨 환각은 아닌지 전혀 확신할 수 없다고 말했다. 이 상황은 나와 마찬가지로 그에게도 초현실적으로 여겨졌고, 드레휘스 박사가 이상한 나라의 앨리스처럼 사라져 버린 그 술집은 앞서 그의 눈에도 결코 띄지 않았었다. 내가 이제 당연히 나도 들어가 봐야겠다고, 드레휘스 박사를 따라가야겠다고 말하자 G는 자신도 이미 그런 생각을 했노라고 말했다.

그는 말했다, 그럼 내가 적어도 문까지는 같이 가 줄게.

북〔鼓〕- 드레휘스 박사의 술집은 이름이 '북'이었다. 못질해 막은 진열창, 문틈으로 새어 나오는 어슴푸레한 불빛, '북'은 매춘 업소일 수도 있었다. 드레휘스 박사가 간 곳이 다크 룸*이라 해도 놀랍지는 않았으리라. 아니면 아이리시 펍, 클럽일 수도. 우리는 어쩔 줄 모르고 그 앞에 서 있었다. 마침내 G가 말했다. 있잖아, 난 여기 이 벤치에 좀 더 앉아 있으려고. 그냥. 여기서 조금만 더 머물러 있을게. 그리고 네가 십오 분 뒤에 다시 나타나지 않으면 모든 게 잘됐다고 생각할게. 그럼 난 집에 갈 거야.

그가 말했다, 네 의견은 어때.
    내가 말했다, 그래, 그렇게 하자. 당연히 찬성이

* 성행위가 이루어지는 어두운 방을 뜻한다.

고말고.

G가 고개를 끄덕이면서 내 어깨를 짧게 꽉 만지고는 기울어진 벤치로 돌아가 다시 앉았다. 그는 몸을 똑바로 세운 뒤 권투 심판처럼 손을 들었다.

나도 손을 들었다.

숨을 가다듬고 '북'의 문을 열었다. 그리고 안으로 들어갔다.

정신분석을 받고 난 후 몇 년 동안 나는 다섯 번째 책인 《레티파크》를 썼다. 마흔에서 쉰 살 사이, 더 이상 어찌할 바를 모르는 막다른 지점에 그리고 새로운 통찰이 머뭇머뭇 시작되는 지점에 서 있을지 모를 사람들에 대한 열일곱 편의 이야기로 이루어졌고 장편 소설 《모든 사랑의 시작》 후에 집필되어 내게 수월했던 책이다. 긴 텍스트에서 짧은 이야기들Short Stories로의 귀환에는 홀가분한 점이 있었고 글쓰기가 행복했다. 오늘날 생각해 보면 그 행복은 장편 소설 쓰기를 극복한 것뿐 아니라 분석이 끝난 것과도 관련이 있었다. 나는 이런저런 일을 혼자 정리하고, 성장하고, 집착을 놓을 준비가 되어 있었다. 그 이야기들 중 하나는 제목이 〈꿈〉이고 한 여성 서술자의 정신분석을 불과 몇 페이지에 걸쳐 그린다. 그녀는 친하게 지내는 여성이 상담을 받았던 정신분석가를 찾아간다. 분석이 진행되는 동안 둘의 우정이 깨지는 반면, 정신분석가와의 관계는 서늘하게 지속된다. 당연하게도 이 이야기는 내가 드레휘스 박사에게서 분석을 받은 일과 밀접한 관련이 있다. 이것이 내 글쓰기의 대상이다. 나는 나에 대해 쓴다. 나는 스스로의 삶을 따라서 쓰고, 다른 글쓰기는 모른다. 굽타 박사라는 인물은 드레휘스 박사를 따라 서술되었고, 굽타 박사의 옷은 드레휘스 박사의 옷이며, 이야기 속 상담실의 설비는 현실의 설비다. 한 대목에서 굽타 박사가 서술자에게 문을 열어 주는데 놀랍게도 그의 눈이 퍼렇게 멍들어 있다. 이 멍든 눈 역시 실제였다. 그리고 당연하게도 그 일인칭 서술자는 나다. 그게 나다. 이름이 테레자이고, 민달팽이와 승강기 통로 꿈을 꾸고, 쉼 없이 울고, 슬픔에 젖어 움직이지 못하고, 분석이 시작되고 처음 몇 달간 무엇이 자신을 슬프게 하는지 이야기하지 않는, 절대 말할 수 없는 그 여자. 그리고 당연하게도 이 일인칭 서술자는 단연코 내가 아니며 굽타 박사 역시 드레휘스 박사가 아니다. 정반대다. 두 인물은 꿈이며, 글로 적은 소망이다. 내가 그렇게 글을 쓰며 떠올리는 것을 말로 표현하기란 어렵다. 그것은 인물들의 모든 연약함에도 불구하고 훼손되지 않는 무언가다. 내가 지금 가지고 있지 않은, 하지만 과거에 가졌음을 그리고 다시 가질 수 있음을 아는 무언가, 내가 갈망하는 무언가, 선택된 연장延長, 결핍. 이 이야기는 서술자를 위한 피난처이며 호두 껍데기 같은 보호막이다. 서술자는 러시아의 마트료시카에서 가장 작은 인형이며, 이야기는 서술자를 둘러싼 고치다. 나는 상담 시간의 대화와 독백에서 무슨 얘기를 하는지 쓰지 않는다. 피난처는 숨기기로부터 생겨난다. 트라우마, 상실, 학대, 애도, 부재, 죽음과 불안, 아주 정상적인 삶 등 그 내용을 상상하는 것 혹은 아예 관여하지 않는 것은 감정 이입 능력을 갖춘 독자의 몫으로 남겨져 있다. 서술자가 무엇을 슬퍼하는지를 내가 아는 걸로 충분하며, 나는 그것을 기꺼이 비밀로 간직하고 싶다. 이 이야기는—정리되어 있다. 서술자의 집, 그녀의 일상, 그녀가 읽는 책들, 그녀가 다니는 길들, 이 모든 것은 당당히 내보일 수 있는 정돈된 구조를 지니고 있으며—내가 사는 집, 내가 읽는 책들, 내가 다니는 길들과는 반대다—이 모든 것을 이야기에서 낯설게하기 없이 모사할 수는 없다. 이 이야기는 독자를 본래의 것으로부터 멀어지게 하며, 나에게서 멀어지게 한다. 이것은 마술사의 속임수다. 독자는 마술사의 장난질에 눈이 팔려 속임수를 놓친다. 나는 나의 정신분석에 대해 이야기하며 그것을 한 인물에게 넘겨주는데 이 인물은 내가 늘 되고 싶은 사람, 내가 결코 과거에도 아니었고 미래에도 되지 않을 사람이다. 나는 지금껏 살면서 민달팽이 꿈이라곤 꾼 적이 없다. 그리고 마지막으로 이 이야기는 물론 사랑 이야기이기도 하다. 서술자는 언젠가 굽타 박사에게 사랑에 빠진다. 그녀는 사랑에 빠지고, 변하는 건 하나도 없다. 내가 대략 오륙 년 후에, 주 3회 사십오 분씩 상담을 받고 나서 드레휘스 박사에게 사랑에 빠졌다가 언제부턴가 더 이상 그러지 않은 것처럼. 그러고 나서 끝났다. 그러고 나서 나는 그를 떠났다.

한밤중에 카스타니엔알레에서 내가 두근대는 가슴으로 '북'에 들어간 것이 나에게는 이상한 일이 아니었다.

《레티파크》가 출간되었을 때 나는 책 한 부를 가지고 상담실에 들렀다. 드레휘스 박사는 자신이 어느 책에 실린 이야기의 일부가 되었다는 걸, 자신에게 헌정된 이야기가 존재한다는 걸 알아야 마땅했다. 나는 그에 대해 아는 게 거의 없었지만 그래도 그가 책을 읽는 사람이며 책을 좋아한다는 걸 알았다. 내가 책 이야기를 할 때면 그가 이따금 동의하거나 반대하는 뜻으로 내던 미세한 소리를 통해 그 사실을 알아차렸던 것이다. 내가 분석 기간 중에 썼던 다른 책 두 권을 그에게 선물한 적도 있었는데 그는 그것들을 읽고 나서 조심스러운 태도로 나와 이야기를 나눴었다. 나는 상담실 현관에서 그의 이름을 수신인으로 적은 《레티파크》를 그의 우편함에 던져 넣었다. 그는 어느 여자와 상담실을 공유하고 있었는데 그녀는 그와 이름이 같았고 나는 그녀가 그의 누이인지 아니면 아내인지를 끝내 알아내지 못했다. 나는 전자이기를 바랐다. 나는 그를 만나 직접 책을 건네줄 수 있기를 바랐기에—짧고 강력한 접촉—《레티파크》를 몸소 들고 갔다. 내가 살아 있다는 걸 그에게 보여 주고 싶었던 걸 수도 있다. 다섯 번째 책을 썼다는 걸. 내가 잘 지낸다는 걸, 그가 없어도 내가 계속해 나갈 수 있다는 걸. 나는 그가 기뻐할 거라 확신했다. 나는 그를 만나지 못했다. 나는 봉투에 넣고 공손한 문구 세 줄을 덧붙인 책을 우편함에 집어넣고서 다시 집으로 갔다. 그리고 우리가 심야 상점에서 만날 때까지 그는 책에도 문구에도 답하지 않았다.

    그는 그냥 반응하지 않았다.

단편 〈꿈〉에는 제3의 인물이 있다. 서술자에게 위급시 자신의 분석가를 찾아가라고 제안하는—만약 네가 정말로 상태가 안 좋다면, 지지리도 상태가 안 좋다면—에피라는 인물이다. 그리고 이 인물 또한 내가 오래도록 친하게 지내던 한 여성, 혹은 달리 표현하면 내가 알던 한 여성이 모델이다.

아다.

오늘날 나는 자문한다. 왜 나는 이 이야기를 아다에게도 헌정하지 않았을까, 왜 나는 만남을 기대하며 《레티파크》 한 부를 아다의 우편함에도 넣어 주지 않았을까. 왜 나는 그런 식으로 아다를 생각하지 않았을까. 그녀가 없었더라면 나는 이야기에서나 현실에서나 분석을 받으러 가지 않았을 텐데. 아다가 없었더라면 나는 드레휘스 박사를 만나지 않았을 테고, 《알리스》도, 《모든 사랑의 시작》도 쓰지 않았을 텐데.

〈꿈〉에서처럼 나에게 자신의 분석가를 추천해 준 것은 아다였다. 하나의 문장을 채택하는 모든 결정은 무수한 다른 문장들을 배제하는 결정이다. 하나의 이야기를 채택하는 모든 결정은 무수한 다른 이야기들을 쳐낸다. 하나의 단어는 다른 단어를 없앤다. 글쓰기란 지우기다. 나는 드레휘스 박사를 채택하고 아다를 배제하는 결정을 내렸다.

그렇게 볼 수 있을 것이다.

나는 아다를 90년대 초에 만났다. 그녀는 나와 동갑이었고 많은 가지를 뻗은 도회적 일족의 비공식 여왕이었다. 그 일족에 속한 대부분의 사람들은 아다처럼 프랑크푸르트오데르* 출신이었다. 아다에 따르면 2차 세계 대전 말에 적군赤軍의 급습에 점령당한 도시 출신이라는 점은 그 자손들에게서 보이는 삶의 무능력과 자기 공격적이고 과도하게 불안정한 성정을 단번에 결정적으로 설명해 주었다. 즉 프랑크푸르트는 트라우마를 입은 도시였고 그곳에서 태어난 사람들

---

* 독일 브란덴부르크주 오데르강 변에 있으며 폴란드 국경과 인접한 도시인 '프랑크푸르트안데어오데르'를 가리킨다. 마인강 변에 있는 프랑크푸르트와 구별된다.

은 전쟁 트라우마를 삼 대에 걸쳐 오늘날까지도 안에 지니고 있었다. 아다는 프렌츠라우어베르크의 헬름홀츠 광장에 있는 크고 그늘진 집에서 자신의 트라우마를 살아갔다. 베를린 장벽 붕괴 후 혼란스럽던 몇 달 동안에 그녀는 그 집을 점유했고 아무도—한동안은—그녀에게서 그 집을 빼앗을 수 없었다. 베를린식 방**의 거실 겸 부엌, 마당 쪽 창가에는 양털을 깐 고리버들 의자, 아다는 자주 거기에 앉아 아이에게 젖을 먹였다. 그녀는 내가 처음으로 만난 젊은 어머니였고 근원적 어머니의 태도로 자신의 역할을 수행했다. 그 의자는 왕좌였다. 움직이는 그림자로 가득한 방, 긁힌 자국투성이인 긴 탁자 위에는 늘 조약돌과 유리구슬, 유리 물병에 든 가지와 들꽃 다발, 회칠하지 않은 벽에 압정으로 고정한 흑백 사진들, 그 옆에는 그 모든 황금 팔을 가진 시바 신, 그 옆에는 외풍에 바스락거리는 신문 스크랩. 초와 향, 누가 계속 피아노를 뚱땅거렸다. 이 방에서 태어난 아이는 순하고 잘 울지 않았으며 어두운 큰 눈은 오가는 손님들

** 건물의 앞채나 뒤채를 측면부와 연결해 주는 모퉁이 공간. 19세기 후반부터 20세기 초까지 베를린 주택에서 전형적인 구조였다.

에게 고정되어 있었다. 현관문은 닫히지 않고, 밤낮이 따로 없고, 조명은 기본적으로 물속에 있는 듯 백묵처럼 희끄무레한 데다, 규칙도 없고, 경계도 거의 없었다. 믿음직한 어머니인 동시에 무아지경에 빠지는 게 아마 가능한 것 같았다. 나는 우리가 당시 자주 가던 술집의 바 테이블에 있던 아다를, 그녀가 심상한 태도로 셔츠 단추를 풀고 셔츠를 벗고 벌거벗은 상반신으로 우리 앞에 꼿꼿이 주의를 기울이며 앉아 있던 것을 기억한다. 우리는 새벽 두 시에 휘둥그레진 눈으로 그녀의 양쪽 맨가슴을 바라봐야 했고, 그녀는 자기 가슴이 세상 모든 가슴 중에 제일 예쁘다고 말했다. 우리는 그녀의 가슴을 바라보았고, 짐작건대 우리는 그녀의 말이 옳다고 여겼다. 그런 밤들에 아이는 대체 어디에 있었을까, 하고 오늘날 나는 생각한다. 당시에 나는 스스로에게 그 질문을 던지지 않았다. 아다에게는 남편이 있었다. 놀랍게도 그는 법학 공부를 해내고 끝마쳤으며 정규직으로 일하며 돈을 벌었는데 그럼에도 우리가 캄캄한 우물에 들어가듯 밤으로 내려가려고 준비할 때면 우리와 함께했다. 내가 태어나고 성장한 가족이 꼭 내 가족으로 남을 필요는 없다는 것, 가족을 떠나 절연하고 더 나은 다른 가족을 찾는 게 가능하다는 것을 나에게 일깨워 준 사람이 아다였다. 그녀 자신은 본인의 뿌리인 프랑크푸르트와 결별을 선언하고 일종의 선택 가족을 마련했다. 이 가족은 그녀의 남편과 아이 그리고 가깝게 지내는 다른 여성들과 남성들로 이루어졌다. 아다를 낳는 것이 유일한 목적이었다는 생물학적 가족과 달리 이 가족은 훌륭했고 격려가 되었다. 특이하게도 아다는 이러한 일들을 실행하는 동안 격려나 위로를 필요로 한다는 인상을 결코 풍기지 않았다. 그녀는 근본적으로 매우 의연했고, 거리를 두었고, 반어적인 쾌활함을 지녔으며, 관심이 깃든 당돌한 냉정함을 갖추고 있었다. 그녀는 내가 모르는 걸 늘 아는 듯 보였다. 가족에 관해 그녀가 실행한 일들은 나를 놀라게 하고 뒤흔들어 놓았다. 오늘날 내게 아주 대수롭지 않게 여겨질지라도 당시에는 그만큼 중요한 일들이었다. 나의 가족은 나를 둘러싸고 동여매고 안전하게 보호하는 고치였다. 아다의 견해들은 이 고치에서 한 가닥 실을 당기며 고치를 헤쳐 느슨하게 했고, 이후에 다른 일들이 고치를 완전히 해체했다. 하지만 아이를 무릎 위에 앉혀 예쁜 가슴에 안고 등 뒤에 남편을, 남편 뒤에는 다른 이들을 거느리고 있던 아다가 처음으로 이 고치를 갈랐다.

    나는 그녀가 그걸 몰랐다고 생각한다.

그녀의 아이가 태어나고 오 년 후에 내 아이가 태어났을 때 우리는 북해 바닷가에 있는 내 가족의 여름 별장에서 휴가를 함께 보내기 시작했다. 밀물과 썰물, 제방, 나무 없는 해변, 끝없이 내리는 음울한 비는 프랑크푸르트, 브란덴부르크, 동베를린에서 온 사람들에게 익숙지 않고 처음에는 완전히 낯설었다. 나의 할머니가 살던 집은 그 점을 상쇄했다. 낡고, 퇴락하고, 임시로 설비를 갖추고, 창문에 커튼이 달려 있지 않고, 뒤엉킨 덩굴 식물에 빛이 끊기고, 여러 방 중 한 곳에는 야간 파티에 참석하고 조금 불완전하지만 그럼에도 하이네를 인용할 수 있는 멋진 삼촌, 해먹과 종이 초롱을 달 나무들이 있는 황폐한 정원, 그리고 몇 주가 흐르는 동안 친구들이, 확장되고 선택된 가족이 점점 자연스레 드나들었다. 아다가 가족에 대한 자신의 원칙을 내게 설명해 준 곳이 그 집이었다. 그녀는 우리를 둘러싼 모든 사물을 가벼운 몸짓으로 가리키며 그 이야기를 했다. 가구들, 액자에 든 증명서들, 세기전환기*의 사진들, 바늘이 굽은 멈춰 선 시계들, 이 빠진 그릇들, 그리고 백 년 전에 누군가가 합각머리 밑에 금색 문자로 두들겨 박은 그 집의 이름.

우리 집Daheim.

이 모든 건 네 것이지만 꼭 네 것일 필요는 없어, 아다는 말했다. 너는 그걸 받아들일 수도, 혹은 내버려둘 수도 있어. 너는 이곳에 있을 수 있지만 무엇에도 책임감을 느낄 필요는 없어. 무엇에도 전혀. 이렇게 말한 뒤 그녀는 자리에서 일어나 떠났고 나를 그 제안과 함께 홀로 남겨 두었다.

나는 그녀가 자주 입던 해진 남색 실크 원피스를 기억한다. 콜비츠 광장의 시장에서 10유로를 주고 산 것으로 내가 아는 모든 원피스 중에 가장 예쁜 원피스였다. 우리가 딱 한 번 단둘이 (그것은 우연이 아니라 결정이었음에 틀림없다) 모래톱에 나갔을 때, 최대한 멀리, 물가까지 갔을 때 그녀는 그 원피스를 벗었다. 저녁이었다. 우리는 자전거를 타고 거친 해안가를 따라서 산책로가 끝나 모래 언덕이 시작되는 곳으로 향했다. 우리는 자전거를 서로 기대어 놓고 신

---

* 19세기에서 20세기로 넘어가던 때를 가리킨다.

발을 벗고 탁 트인 바다를 향해 달려 나갔고, 더 이상 나아갈 수 없는 곳에 이르렀을 때 아다가 원피스를 벗은 채 알몸으로 내 옆에 서 있었다. 황혼, 우리 뒤로 넓게 펼쳐진 땅 위의 하늘은 벌써 밤처럼 어둡고, 물 위의 하늘은 아직 밝고, 물은 진주층, 아다의 몸은 창백하고 천천히 바다의 어두운 가장자리로 향했다. 나는 원피스를 벗지 않았다. 그녀는 자기 원피스를 어느 땐가 다시 입었다. 그러고 나서 우리는 돌아왔다, 자전거를 타고 집으로 돌아왔다. 다른 날 늦은 오후에 현관에서 그녀가 비에 젖은 옷가지가 있는 옷걸이 옆에서, 아이들의 무수한 고무장화 사이에서 느닷없이 격하게 나를 포옹한 적이 있다. 아다의 냄새가 갑자기 훅 느껴졌다. 어두운 냄새, 모래 냄새, 거의 남자 냄새가. 당시 여름마다 그녀는 내 아이의 생일에 나에게 꽃을 선물했다. 전날 저녁에 들판 가에서 꺾은 8월 꽃다발. 그녀는 이 관습을 중요하게 여긴 유일한 사람이었다. 그 여름들은 기력을 소모시켰다. 신경을 망가뜨렸고, 과하게 그리고 모두한테 고통스럽게 행복했고, 우리의 모든 목표는 가변적이고 교체될 수 있었으며, 삶은 긴 시적 통과 과정이었다. 아다의 아이가 도시에서 혼자 학교에 다닐 만큼 충분히 자랐을 때 이따금 그녀는 남편과 아이를 먼저 떠나보내고 그곳에 머물렀다. 어느 여름에 그녀의 남편이 돌아간 뒤 베를린에서 내게 전화를 걸어 여름 별장에서 보낸 나날에 대해 고마움을 표하고 이 모든 것이 그에게 얼마나 중요했는지를 간추려 말했다. 이어서 그는 아다를 바꿔 달라고 한 후 그녀에게 식기세척기가 고장 났고 냉장고에 곰팡이가 피었다고 말했다. 이 통화를 마친 후에 그녀는 대문 옆 벤치에 앉아 울었다. 나는 이전에 그리고 이후에도 결코 그녀가 우는 모습을 본 적이 없었다. 나는 그녀가 그러고 얼마 후 남편과 헤어지고 다른 남자를 알게 되고 둘째 아이를 낳았다고 주장하고 싶다. 실제로는 벤치에서의 그 울음과 둘째 사이에 수년이 흘렀고, 그 세월은 나중에 돌이켜 볼 때만 한 방에서 다른 방으로 건너가는 단 한 걸음처럼 느껴진다. 아다는 둘째 아이와 그 아버지와도 그 집에서 여름을 보냈고, 우리는 같이 머물렀다. 둘째 아이의 아버지는 탁자의 머리 부분에 자리를 배정받았다. 개혁가인 그가 매번 식사를 마치고 떠난 자리는 마치 모든 아이 중 막내가 있던 곳 같았다. 한번은 그가 아다와 산책을 나갔는데 둘이 돌아왔을 때 그의 안경이 깨지고 셔츠가 찢어져 있고 코에서 피가 났다. 사정은 간단해지지 않는 듯 보였다. 그럼에도, 점심때 아다가 아직 이가 나지 않고 볼이 포동포동한 어린 둘째와 낮잠을 자러 물러가던 모습은 잊을 수가 없다. 그녀가 이 낮잠 전에 우유 한 잔을 가득 따라 마시던 모습, 아이가 그녀의 허리 위에 앉아 그녀의 팔오금에 달라붙은 채 포동포동한 볼을 아다의 어깨에 대고 있고, 그녀가 자유로운 오른손으로 컵을 들고 고개를 뒤로 젖힌 채 진지하게 꿀꺽꿀꺽 우유를 삼켜 단숨에 컵을 비워 버리던 모습을 잊을 수가 없다. 마치 그것이 결코 우유가 아니라 훨씬 고급스러운 것, 훨씬 본질적인 것인 양, 음료가 아니라 오히려 빛깔, 아이와 함께 잠의 중간 세계로 달아나기 전에 먹는 물질인 양 무슨 의식을 치르듯. 나는 그 잠이 깊고, 꿈으로 무겁고, 정말로 꿀맛 같으리라는 걸 알고 있었다. 아이와 함께 자는 낮잠과 견줄 만한 것은 없다. 그녀는 빈 컵을 탁자에 도로 내려놓고 손등으로, 손목으로 입을 훔치고 수수께끼 같으면서 다정한 미소를 내게 지어 보인 뒤 자기 방으로 들어가서 등 뒤로 살며시 문을 닫았다. 그녀가 첫 번째 남편과 헤어지고, 그녀의 선택가족이 해체되고, 그녀가 둘째 아이의 아버지를 사랑하고 둘째가 태어나던 시절에 그녀는 드레휘스 박사에게서 분석을 받았다. 나는 당시에 그 사실을 몰랐고 그녀는 분석이, 구조 개편이 끝났을 때 비로소 내게 그 이야기를 해 주었다. 그녀는 자신의 가족을 해체했다. 혹은 그녀의 가족이 해체되었다. 첫 아이의 아버지는 푸에고섬 출신 여자와 아이를 낳았고, 둘째 아이의 아버지는 도시를 떠났다. 헬름홀츠 광장의 집은 팔리고 비워졌다. 아다는 몇 블록을 더 지나면 나오는 작은 집, 카메라가 설치된 초인종이 있는 집으로 이사를 갔다. 그것은 종말의 시작이었고, 종말을 고정했고, 우리 모두를 길들였다.

내 아이는 자라났다.

여름은 한정되어 있었고, 가끔은 학기가 8월 초면 시작되었기에 우리는 베를린으로 돌아가야 했다. 나를 늘 우울하고 슬프게 하던 도시에서의 한여름. 물, 정원, 모래투성이 시트가 깔린 다락방 침대, 밤중에 가만히 아이의 숨소리를 듣는 일이 사무치게 그리웠다. 그 한여름의 어느 날에 나는 아다와 카페에 앉아 있었고, 그녀는 떠날 때 지나가듯 말하길 이제 정신분석 상담을 받으러 가야 한다고, 이번이 마지막 상담 중 한 번이라고, 분석이 끝났다고 했다. 그녀는 길 아래쪽을, 아마 상담실이 있는 듯싶은 방향을 가리켰다. 만약 너한테 언젠가 상담이 필요하다면 그는 좋은 분석가야, 하고 그녀는 말했다.

그게 다였다.

이 작은 장면―카페, 짤막한 말, 방향을 가리키기―은 단편 〈꿈〉에 다시 나온다. 다른 모든 것―남색 원피스, 모래톱과 물 위의 빛, 우유 컵과 낮잠, 선택가족, 아이들, 내 아이와 그녀의 아이들―을 숨기고, 결국에는 없애 버리는 두세 문장. 그 두세 문장은 이해할 수 없는 무언가를 요약한다. 그 문장들은 단 하나의 순간을, 스노 글로브 같은 순간을 채택하기로 결정한다. 나머지는 전부 물속으로 던져 버린다.

포기한다.

글쓰기는 삶을, 사물들의 사라짐을, 영속적인 뒤처짐을, 불명료해짐을, 이미지의 소실을 모방한다. 그런데 포기를 택하는 자율적 결정―우유 컵은 안 돼, 원피스는 안 돼, 카페 장면은 괜찮아, 비록 우유와 원피스가 더 감각적이긴 해도, 더 감각적이라는 바로 그 이유에서―은 그 일을 수월하게 만들며 상실과 소멸에 대한 비애와 슬픔을 해소해 준다. 언젠가 아다의 둘째 아이의 아버지는 자신이 무엇보다 아다의 손에, 그녀의 몸짓에 반했다고 말한 적이 있는데 나는 이 발언에 곧장 공감할 수 있었다. 나는 늘 아다의 손이 가슴보다 더 예쁘다고 생각했다. 뚜렷한 손가락 마디, 갸름한 손톱, 그녀가 특유의 단호하고 변덕스러운 발언을 하며 그 손을 뻗을 때, 손가락을 펼칠 때 드러나는 명백함, 물건을 만지고 옮기고 떨어뜨릴 때 보이는 우아한 무성의함. 그녀는 예쁘고 상당히 차가운 여자로 늘 약간 도발하는 듯한 곧은 자세를 하고 탄력 있고 홀가분한 걸음걸이로 다녔다. 나는 그녀를 결코 신뢰하지 않았고, 어쩌면 그래서 내가 그녀와 친했다고 말하기가 어려운지도 모르겠다. 차라리 나는 그녀와 아는 사이였다고 말하고 싶다. 내가 아다를 좋아했다고 말하는 편이 더 간단하리라. 카페에서의 그 만남 이후로 우리는 서로 멀어졌고 나는 연락을 끊었다. 내가 그녀의 조언을 진지하게 받아들여 드레휘스 박사에게 상담을 신청하고 분석을 시작한 게 계기가 되었을 수도 있다. 어쩌면 지나친 가까움 때문에. 아다가 소파에서 받은 상담, 똑같은 소파에서 내가 받는 상담. 나는 드레휘스 박사가 나에 관해 내 입으로는 결코 말하지 않을 사실을 알고 있다고, 그가 나에 관한 일들을 아다에게 들어 알고 있다고 생각했다. 통제권을 되찾을 필요가, 상대방과 안전한 거리를 둘 필요가 있었음에 틀림없다. 분석을 받던 처음 몇 년간 나는 바닥으로 추락했고, 이 상태로 나를 아다에게 내맡기고 싶지가 않았고, 그녀에게 관찰을 당하고 싶지가 않았다. 우리는 서로를 잃었다. 내가 그녀를 그리워했는지 기억이 나지 않는다. 나는 스스로의 가족을 떠나는 일에 열중해 있었고 새로운 가족을 만들 계획은 없었다.

오늘날 생각하면, 나는 혼자이길 원했다.

단편 〈꿈〉은 하나의 깨달음을 그린다. 어느 타인과의 관계를 나중에 정돈하는 일, 우리가 자신을 속이고 있다는 사실, 우리가 속고 있다는 사실, 우리가 얼마나 기꺼이 속는지에 대한 통찰을 그린다. 아다가 나에게 희미한 애정을 느꼈을 수도 있지만 그녀는 내게서 절대 눈을 떼지 않았고 나는 결코 그녀의 가족의 일원이 되지 못했을 것이다. 아이들과 보낸 그 여름들에 그녀는 우리 모두가 함께 역할을 나눠 체호프의 〈벚꽃 동산〉을 읽기를 원했다. 그녀가 꿈꾸던 장면은 이렇다. 밤에 긴 정원 탁자에 둘러앉은 친구들, 탁자 위에는 화이트 와인, 담배, 촛불, 노란 레클

람* 소책자, 각자에게 배분된 역할, 그녀는 이미 우리에게 역할을 배정해 주었지만 더 이상 일이 진척되지는 않았다. 그 소책자들은 오늘날까지 바닷가 집의 책장에 꽂혀 있다. 우리가 아다의 제안에 응했다면 어떻게 되었을까. 아무도 〈벚꽃 동산〉을 읽고 싶어 하지 않았다. 모두가 마구 술을 마시고, 담배를 피우고, 이야기하고, 멋대로 행동하고, 역할을 다르게 나누고 싶어 했다. 그리고 어쩌면 이것이 아다의 취약함을 보여 주는 유일한 징후였을지도 모르겠다. 즉 우리가 함께 놀고 싶어 하기를 그녀가 바랐다는 것. 우리는 함께 놀지 않았다. 우리의 아이들은 집을 떠났다. 그 단편은 이별을, 덧없음을 보여 준다. 만일 내가 아다의 우편함에 《레티파크》 한 부를 넣어 주었다면 그것은 불필요한 암시였으리라. 게다가 나는 우리가 함께한 시절을 내가 어떻게 보는지를 아다가 혹 읽었더라도 그 사실을 내게 밝히지 않는 편을 선호할 거라고 생각한다.

'북'에서 드레휘스 박사는 문을 등지고 바 테이블에

---

* 노란색의 얇은 소책자로 유명한 독일의 출판사.

앉아 있었다. 바텐더가 내가 들어오는 걸 보았고, 드레휘스 박사는 바텐더의 시선을 따라 몸을 돌려 어깨 너머로 나를 보고는 자연히 미소를 지었다. 그는 들어온 사람이 나일 거라고는 예상하지 못했지만 내가 나타난 것에 놀라지는 않았다. 그는 곧바로 자기 옆의 높은 바 의자를 가리키면서 나의 당혹감을 덜어주었다. 겉보기에는 마치 우리가 미리 약속을 했던 것처럼 여겨졌을 수 있다. 드레휘스 박사는 술집에 혼자 있기를 좋아하는 듯했고 손님은 우리뿐이었다. 그는 담배를 피웠다. 불빛은 어슴푸레하고, 그곳이 어떤 성향의 술집인지는 알 수 없고, 바텐더는 위험한 인상을 넌지시 풍기는 젊은 남자였는데 드레휘스 박사와 나의 만남에 뭔가, 이를테면 수상쩍은 구석이 있다고 느끼는 듯했다. 뭔가 불법적인 구석이 있다고.

나는 재킷을 벗고 담배 한 대를 또 달라고 했다. 드레휘스 박사는 무심하면서 자연스러운 태도로 소프트팩을 톡톡 두드려 담배 한 개비를 빼낸 뒤 내게 건넸다.
    그가 말했다, 뭘 마실래요.
    그가 말했다, 제가 한잔 사죠.

이 시점에 그와 나는 우리 둘의 삶에서 천 시간 이상을 함께 보낸 뒤였다. 나는 몇 차례 중단되긴 했지만 수년 동안 매주 세 번 그의 소파에 누웠고 평소라면 무슨 일이 있어도 비밀로 간직할 몇 가지 일에 대해 말했다. 드레휘스 박사는 나에 대해 아는 게 꽤 있었고, 나는 그에 대해 아무것도 몰랐다. 그리고 '북'에서 우리가 만난 일은 이 상황을 뜻밖에 확장하는 것이었다. 그것은 작고 신비로운 변이였다. 오늘날까지 나는 드레휘스 박사가 능력 있는 분석가였는지 확신할 수 없다. 다른 이들이 분석을 받은 이야기를 듣노라면 나는 그들이 활기차고 가슴이 따뜻해지는 소통을 경험했다는 인상을 받는다. 반면 드레휘스 박사는 나와 아무 말도 안 한 것이나 다름없고, 내가 기억하기로 그는 십 년 동안 대략 다섯 번 발언을 했다. 상담 시간은 나의 탐색적인 독백, 문장들 사이의 휴지부와 함께 지나갔고, 나의 질문들은 나 자신을 향한 채 남았으며, 나는 홀로 답을 찾아내야 했다. 오늘날 나는 이런 분석 방식이 나에게 바로 딱 맞는 방식이었다고 생각한다. 그 방식은 이상적이었다.

상담 초기에 한번은 내가 분석이 끝나면 혹시라도 더

이상 글을 쓸 수 없을까 봐, 분석을 위해 글쓰기를 희생해야 할까 봐 염려된다는 말을 드레휘스 박사에게 한 적이 있다. 그는 두고 보면 알 거라고 대답했고, 이 수수께끼 같은 말을 한 뒤 침묵에 잠겼는데, 그는 이 침묵에서 십 년 동안 나오지 않았다. 대체로 그랬다. 과장이 섞이긴 했지만 내 기억에는 그렇다. 그리고 그 단편의 서술자가 기억하기에도 그렇다. 드레휘스-굽타 박사는 결코 아무 말도 하지 않았고, 많은 순간에 그녀는—나는—그가 잠들었다고 확신했다. 그는 기본적으로 내 뒤에서 소파 머리맡에 앉아 있었고 나는 결코 뒤돌아본 적이 없었는데 미신 같지만 내가 뒤돌아보면 불행이 찾아올 거라는 느낌을 받았다. 가끔 우리는 함께 웃었다. 그는 유머 감각이 있는 사람이었다. 때때로 그는 반쯤 탄식하거나 길게 숨을 내쉼으로써 공감 혹은 이해를 표현했다. 그러나 내가 그에게 질문을 던지면 항상 그는 왜 그걸 묻느냐고 내게 물었고 답을 주기를 거부했다. 어떤 때는 내가 너무 일찍 도착하는 바람에 건물 앞 공원에서 왔다 갔다 산책하다 그의 창문을 올려다보고 그가 발코니에서 담배를 피우는 모습을 보기도 했는데, 드레휘스 박사도 뭔가에 중독되었다는 사실, 건강하지 않은 것들에 의존한다는 사실이 내게 만족감을 주었다. 그는 클래식 기타를 연주했고 기타는 월요일마다 그의 책상 옆에서 비싼 가방 안에 들어 있었다. 내가 그에 대해 알던 것은 이게 다였다. 밤중에 '북'에서 만난 일은 적잖은 위험을 동반했다. 즉 나는 내가 안다고 여기던 얼굴 대신에 다른 얼굴을 마주하게 될지도 몰랐다. 날 이해해 줄 거라는 착각에 빠져 내가 나의 온 생애를 털어놓았던 낯선 이의 얼굴을. 그리고 그가 전혀 아무것도 이해하지 못했으며 더구나 잘 아는 체하고 불쾌하며 차가운 사람이었다는 사실이 이제 드러날 수도 있었다. 나는 불합리적이면서도 타당한 불안을 안고 있었다. 드레휘스 박사는 내가 생각하던 그런 사람이 그냥 아닐 수도 있었고, 아다의 선택가족에서 즐겨 쓰던 표현으로 말하자면 순 멍청이일 수도 있었다. 완전 순 멍칭이. 십 년의 세월이 무너질 것이며, 사라져 버릴 것이다.

부스러기로.

저속 촬영 영상 같은 깨달음 ─ 수년에 걸쳐 서서히 이르는 깨달음보다 조금 더 특별한 깨달음, 네가 사랑하는 사람이 네가 생각하던 사람이 아니라는 깨달음, 차차 어렴풋이 떠오르는 의식, 너는 당연히도 세상에서 혼자라는, 너의 상대방은 네 욕구의 거울상이며 네가 놓아주면 언제든 등을 돌릴 준비가 되어 있다는 의식. 상대방은 무엇에도 붙들리지 않고 누구도 책임지지 않는다, 너는 더더욱 말할 것도 없고.

투르게네프를 빌려 말하자면, 너는 손가락처럼 혼자다.*

나는 뭘 마셔야 할지 몰랐지만 드레휘스 박사는 그걸 알았고, 어이없게도 명백히 아버지 같은 태도로 나를 위해 진토닉을 주문했다. 바텐더가 신중하게 칵테일을 만들고 나는 그 모습을 지켜보았다. 그러고 나서 첫 모금을 마시고 두 번째 담배에 직접 불을 붙이고는 옆으로 몸을 돌려 마음을 단단히 먹고 드레휘스 박사에게 말을 걸었다. 그의 얼굴 표정은 상냥하고, 왠지 모르게 익숙한 느낌으로 오만하고, 조금 권태로웠다. 그 자체로 권태에 빠진, 진지한 표정이었다.

그는 정상이었다.

그의 눈빛은 정상이었고 그가 비웃듯이 흥미를 보이는 가벼운 오락거리도 마찬가지였다. 그는 그냥 늘그막의 남자로 새벽 두 시에 조금 음울한 술집의

---

* 투르게네프의 장편 소설 《아버지와 자식》에 나오는 표현.

바 테이블에 앉아 있었는데—평일이었고 그는 내일 아침에 일찍 일어나 자신의 특별한 업무에 전념할 것이다—이 사실만 해도 무언가 결핍을 보여 주었고, 이 결핍에는 안심이 되는 구석이 있었다. 그리고 적어도 지금 한눈에 본 바에 따르면, 내가 알던 그가 거짓은 아닌 것 같았다.

그가 말했다, 용케도 '북'에 들어오셨군요. 용감하게 들어오시다니 기쁘군요. 그의 말이 진심이라는 걸 똑똑히 알 수 있었다.
    내가 말했다, 저 바텐더는 선생님의 직업이 뭔지 아나요.
    그가 말했다, 이곳 바텐더는 제가 전기 기술자라고 생각하죠.
    내가 말했다, 선생님의 직업이 뭘까 했을 때 그것만큼 생각하기 어려운 건 몇 없는데.

내가 기억하기로 이것이 우리가 처음 주고받은 문장들이다. 그러니까 밖에서, 외부 세계에서, 공통의 차원에서 말이다. 바 테이블의 차원에서, 서로 나란히 앉아, 술을 마시며, 담배를 피우며. 살얼음판 위의 간단한 장애물 코스, 우리는 완전히 비유적인 의미에서 서로 손을 잡았다. 생각보다 수월했다. 내가 분석가와 피분석자가 이렇게 만나는 일이 자주 있느냐고 묻자, 그는 왜 저한테 그걸 물어보죠, 하고 말하지 않고 단도직입적으로 답했다. 그는 피분석자 대부분이 길에서 자기를 만나면 도망쳐 버린다고 말했다. 그렇게 만나는 경우가 흔하다고 했다. 그는 바로 옆에 산다고—그는 못질해 막은 창문 밖의 길을 등 뒤로 가리켰다—상담실과 집이 가까이에 나란히 있다고, 길이 서로 만나는 경우가 많다고 했다. 그의 길과 나의 길은 결코 만난 적이 없었고, 나는 그가 상담실에서 오 분 거리에 산다는 생각은 결코 못 했을 것이다. 그는 피분석자들의 두려움이 부끄러움과 관계가 있다고 여긴다고, 그런 부끄러움을 내가 의식하지 않은 걸 보니 기쁘다고 말했다.

나는 말했다, 그래요, 부끄러움을 의식하지 않았어요. 사실 저는 선생님이 《레티파크》에 실린 〈꿈〉이란 이야기를 어떻게 읽었는지 궁금할 뿐이었어요. 선생님이 그 이야기에 동의했는지를 말이에요.

그가 말했다, 어떤 이야기죠. 그리고 무슨 레티파크요.

드레휘스 박사와 상담실을 공유하는 여자를 나는 바깥에서, 즉 현실 세계에서 딱 한 번 만났다. 그 여자는 그의 이름을 가졌고, 혹은 그가 그녀의 이름을 가졌고, 나는 그녀가 그의 누이인지 아니면 아내인지 몰랐다. 나는 알렉산더 광장의 백화점에서 그녀와 마주쳤다. 고객 서비스 센터에 들렀다 오느라 침구류와 수건과 무의미한 장식품들을 파는 층을 그냥 통과하던 중에 그녀를 발견했다. 그녀는 겹겹이 쌓인 수건들과 샤워 욕조용 매트들로 이루어진 섬들 사이를 우울하게 헤매고 있었고, 나는 악의적인 생각들에 이끌려 눈에 띄지 않게 그녀의 뒤를 밟았다. 이 분석가 여자가 달리 할 일이 없어 오후 시간을 고작 백화점에서 낭비하고 상담 시간에 이야기를 들어 주며 번 돈을 터무니없이 비싼 욕실 용품을 사는 데 쓴다는 사실이 나에게 위안을 주었다. 그녀는—드레휘스 박사처럼—키가 크고 육중했고,—드레휘스 박사처럼—약간 오다리로 걸었고, 그와 같은 연배였고, 그의 쌍둥이 누이일 수 있었을 것이다. 그녀는 딱 봐도 비싼 분홍색 팬티스타킹을 신고 있었고, 나는 그녀도 나처럼 구제불능이라고 확신하며 욕실 매트 사이에 그녀를 놔두고 떠났다. '북'에서 드레휘스 박사가 내가 어떤 이야기를 말하는 건지 모르겠다며 자신은 편지와 헌사가 동봉된 책을 우편함에서 결코 꺼낸 적이 없다고 주장했을 때, 이 기묘한 상황은 두 가지로 설명할 수 있었다. 드레휘스 박사가 거짓말을 했거나, 아니면 그의 쌍둥이 누이 아내가 소포를 우편함에서 꺼내 뜯어 들여다보고 편지와 헌사와 이야기를 읽은 뒤 이유가 뭐든 간에 전부 없애 버리기로 했거나. 나는 그 책이 돌이킬 수 없이 우편함 속으로 떨어졌고 무슨 수를 써도 되찾을 수 없음을 '북'에 앉아 느끼고 있었다. 그리고 이제 진술이 서로 대치했으며, 몇 분 사이에 우리는 작은 대결을 벌이게 되었다.

드레휘스 박사가 그 상황을 중단시켰다. 그는 빈 두 손을 들더니, 빈 두 손으로 원을 그리면서 그냥, 더 이상 밝혀낼 수 없는 일이라고 말함으로써 자신의 쌍둥이 누이 아내를 사선射線에서 빼냈다. 사실 자신은 책을 받지 못했고 그 책을 읽지 않았으며 이제라도 읽겠다고 했다. 나는 어지간히 취기가 오른 나머지 그에게 왜 그 책을 진작 스스로 찾아 읽지 않았느냐고 물어보았다. 분석이 끝난 후 낸 첫 책이었고 그는 책이 나온다는 이야기를 분명 들었으니까. 그는 답을 주었는데, 그의 생각을 나는 오늘날까지도 잘 이해할 수 없다. 그는 그 책이 자신을 위한 게 아니라고 생각했다고 말했다.

모든 이야기에는 첫 문장이 있다. 책 속 이야기가 시작하는 문장이 아니라, 내 머릿속 이야기가 시작하는 첫 문장 말이다. 가끔은 어떤 이미지 또는 순간, 무언가를 향하거나 무언가에서 떨어지는 시선. 하지만 대개 그것은 누군가가 누군가에게 말하는 문장이다. 나는 이 문장을 듣고, 불과 몇 초일 뿐이지만 그동안에 명확하고 몸에 바로 와 닿는 감각을 느낀다. 어떤 전율, 예감, 소름이. 한편에는, 그렇다, 말해진 것이 있다. 정보, 주장, 견해 또는 질문, 죽 늘어선 몇 마디 말들, 마침표 또는 물음표 또는 줄표. 그리고 또 한편에는 말해진 것의 아래나 위에 완전히 다른 것이 있다. 이중의 바닥, 내가 알지 못하는, 그저 예감만 할 수 있는 무언가에 대한 암시. 누군가가 이것을 말하지만 실은 다른 것을 말하는데 그 아래에서 본인도 전혀 모르는 제3의 것을 말하고, 그것이 내 앞을 지나가고 맨 마지막 순간에 내가 그것을 붙든다. 나는 그것을 집어 챙겨 둔다. 한 인물이 다른 인물에게 이 문장을 말할 수 있는 그 하나의 이야기를 찾아내는 것, 이는 동경에 가깝다. 그리고 그것은 감각의 기록과 결부되어 있고, 어쩌면 깨달음과도 결부되어 있다. 해답은 아니지만 접근과. 우리가 수년 전에 행하고 생각했던 일들이 마치 길게 이어지던 음파가 급변하듯 돌연 그리고 완전히 뜻밖에 결말을 드러내고, 아무리 하잘것없을지라도 그것은 하나의 결과다.

그러니까 이 첫 문장이 내 머릿속에 있다. 이어서 이 문장을 위한 자리를 찾고, 언젠가는 이 문장을 실제로 말하는 인물이, 그리고 실제로 이 문장의 대상일 수 있는 다른 인물이 생겨난다. 이어서 이 두 인물이 앉아 있는 탁자가, 이 탁자가 위치한 공간이, 이 공간이 위치한 집이 있고, 둘 중 한 인물은 이 공간을 떠나서 십중팔구 다시는 돌아오지 않을 것이다. 문틀의 빛 속에 그토록 많은 황금빛 눈(雪). 존 번사이드가 《무슨 빛이 있는가》에서 말하는 것처럼 모든 이야기는 처음으로 말해진다. 혹은 달리 표현하면, 크리스토프 란스마이어의 말처럼 이야기는 일어나지 않으며, 이야기는 말해진다. 그리고 또 다르게 표현하면, 라르스 구스타프손이 말하듯 하나의 인생에서 모이는 이 모든 것.

그것들에 의미를 실으라.

드레휘스 박사의 소파에 눕던 시절에 나는 그에게 나에 대해 서술하거나 나에 관해 말했다. 결국 내가 그에게 이야기를 들려주었다고, 멋대로 말할 수 있다.

내게 이야기를 들려주지 마.*

내 가족의 이야기들—내게 전해진 이야기들, 그리고 내게 전해지지 않은, 그러나 내가 예감하던 이야기들. 나 자신의 이야기들, 하지만 전혀 내 것이 아니며 먼 과거의 불확실로부터 지금 여기를 거쳐 불분명한 미래를 향해 가는 불안한 발자취에 지나지 않는 이야기들. 내가 분석 중에 말하던 방식이 어떤 이야기를 쓸 때와 같았던 게 떠오른다. 나는 시작점을 찍고 거기서부터 과거의 밀림 속으로 길을 내며 들어간 다음에 결론 없이 밀림에서 다시 나와 시작점을 거쳐 현재에 이르렀다. 과거의 모든 것에 매여 있는 현재로.

---

* 원래는 '말도 안 되는 소리 하지 마' '소설 쓰지 마'라는 뜻의 관용적 표현이다. '이야기Geschichte'라는 단어를 살리기 위해 원문의 문장을 말뜻 그대로 옮겼다.

나는 내가 쓴 모든 이야기에서 이 첫 문장을 지목할 수 있다. 나는 그 문장을 다시 찾아낸다. 그것은 핵심이고 가장 작은 인형이며 그 이야기는 그것을 보여 주는 동시에 숨기려는 의도로 서술된 것이다. 나는 그 문장을 다시 찾아낸다, 이건 틀린 말이다. 나는 그 문장을 알고 있고 그 문장을 비밀로 하는 것이다. 내가 낭독회에서 이 말을 하면 어떤 독자들은 자신이 그 문장을 찾아냈다고 말한다. 그럼 나는 기쁘다. 그 이야기가 나에게서 풀려나 다른 이에게로 옮겨 갔다는 뜻이니까. 그것은 디부크*다. 나 외에 또 누군가가 자문을 구하고자 찾는 환한 디부크, 공유된 수수께끼. 가끔 나는 용기를 내서, 독자가 찾아낸 문장을 보여 달라고 한다. 가끔은 포기한다. 양쪽 다 망설임이 있다. 대부분의 독자는 자신이 그 문장을 찾아냈다고 말하면서도 그 문장을 비밀로 한다. 그들은 똑같은 의도를 가지고 있으며, 보여 주기와 숨기기라는 똑같은 장애물 코스를 따른다. 내가 분석을 받던 시절에 대한 이야기인 〈꿈〉에서만은 그 문장을 다시 찾아

---

* 유대 민간 신앙에 나오는 악령. 살아 있는 사람의 몸에 들어갈 수 있다.

낼 수 없다. 나는 그 문장을 더 이상 모른다. 그 문장이 이 이야기에는 아예 없었거나. 아니면 그 문장이 이 이야기에서 불필요해졌거나. 아니면 원래라면 불가능한 어떤 일이 일어났거나. 즉 내가 그 문장을 독자에게뿐 아니라 나 자신에게도 숨겼거나. 그렇다면 분석 전체가 무의미하다는 뜻이 될 것이며 이 생각에 나는 완전히 동의하는 바다.

처음 몇 주 동안, 어쩌면 몇 달 동안, 어쩌면 첫 반년 내내 나는 드레휘스 박사의 소파에 누워서 침묵했다. 나는 첫 상담 시간에 내 문제를 말해 보려 했다. 뒤이은 상담들에서 나는 더 이상 아무 말도 하지 않았다. 나는 그의 방에 들어가 소파에 누워 두 손을 배 위에 모으고 침묵했다. 그가 이렇게 말할 때까지. 이것 참. 오늘은 그만하죠. 그는 나의 침묵을 방해하지 않았고 나에게 말하라고 요구하지 않았고 왜 내가 침묵하는지 묻지 않았다. 그는 나에게 아무 제안도 하지 않았다. 그는 나를 돕지 않았다.

당시에 나는 이렇게 생각했다, 그는 나를 돕지 않는구나. 오늘날 나는 이렇게 생각한다, 그는 나의 침묵을 내가 어떤 시작점을 찾는 걸로 여겼구나. 짐작건 대 그랬다. 나는 이야기들을, 나 자신의 이야기들과 다른 이들의 이야기들을 추려 냈고, 첫 문장들을 찾았고, 내가 이야기하고자 하는 것이 무엇이며 그래도 차라리 숨기고자 하는 것이 무엇인지 결정했다. 나는 나와 본래의 이야기들을 안전하게 만들었다. 그러고 나서야, 훨씬 나중에 나는 말하기 시작했다. 만약 내가 분석 때 말하던 것처럼 글을 쓴다면, 혹은 반대로 만약 내가 글을 쓰는 것처럼 분석 때 말했다면, 나는 본래의 것을 늘 감춰 둔 것이다. 그리고 만약 그렇다면 드레휘스 박사가 침묵하고, 나와 말하지 않고, 아무 질문도 하지 않고, 아무 답도 주지 않은 것은 본래의 것을 나에게 남겨 두기 위해서였던 것이다. 내가 계속 글을 쓸 수 있도록.

'북'에서 드레휘스 박사는 우리가 함께한 십 년 동안 결코 말하지 않던 것을 말했다 — 그는 우리 둘을 위해 진토닉을 한 잔씩 더 주문하고 나에게 담배 한 대를 더 주었고, 지루해하던 바텐더는 진토닉을 만든 후 바 테이블 뒤에서 자신이 앉은 등받이 없는 의자를 우리 쪽으로 조금 더 끌어왔다 — 드레휘스 박사가 말했다. 어떻게 지내요.

그리고 나는 지체 없이 말했다. 잘 지내요. 저는 잘 있어요.

그랬다. 나는 이 술집의 바 테이블에서 잘 있었다. G가 이전에 결코 본 적이 없고 다음 날 카스타니엔알레를 따라 걸을 때는 더 이상 존재하지 않을 것이라고 확신했던 술집에서. 이 술집은 다시 웜 홀 속으로 사라질 것이고, 바텐더와 담배와 진토닉과 함께 오직 이 한 번의 만남을 위해 존재했던 것이고, 나는 G가 기다리겠다던 십오 분이 벌써 한참 전에 지났고 그가 집에 갔다는 걸 알고 있었다. 나는 그가 나를 생각한다는 것 또한 알고 있었다. 나는 드레휘스 박사에게 이것저것을 조금 캐물을 수 있었을 것이다. 그가 상담실에서 불과 오 분 거리에 살며 밤에 술집에 앉아 빈둥거린다는 정보 외에 이런저런 추측을 확인해 볼 수 있었을 것이다. 그가 서쪽 출신인가 아니면 동쪽 출신인가. 똑같이 드레휘스 박사인 여자가 그의 아내인가 아니면 누이인가? 나는 그런 걸 하나도 물어보지 않았다. 마치 우리가 어느 짧은 이야기의 특수하고 차가우며 초점을 맞춘 하이라이트 조명 속에 서 있는 듯한 느낌이 조금 들었다. 어딘가에서 시작되어 무언가를 포착하고 다시 중단되었다가 결말과 결론에 이를 수 있는 짧은 이야기. 나는 이야기를 쓸 때 이야기 속 인물들에 대해 아는 게 있다. 기본적으로 나는 출생, 출신, 유년 시절, 젊은 시절, 노년과 비밀 등 모든 걸 알지만 이를 구체화할 필요는 절대로 없다. 정반대다. 그럼 방해가 된다. 본질적인 것을 바라보지 못하게, 순간에 집중하지 못하게 된다. 나는 그토록 조금 수상하고 아름답게, 또한 장난스럽게 함께 바 테이블에 앉아 있을 수 있도록 드레휘스 박사에 대한 나의 추측들을 불분명하게 남겨 두고 싶었고, 그의 생각도 비슷한 것 같았다. 그래서 우리는 진 토닉을 두 잔째 마시며 나누던 대화를 더 이상 아주 멀리 끌고 가지 않았다. 우리는 그저 나란히 앉아 담배를 피웠고, 가끔 그가 나에게 미소를 보냈으며, 나는 거기에 미소로 화답했다.

그가 말했다, 그럴 줄 알았어요.

내가 말했다, 뭐가 그럴 줄 알았는데요.

그가 말했다, 잘 지내실 줄 알았어요. 당신 걱정은 하나도 하지 않았죠.

내가 말했다, 제 생각을 안 하셨군요.

그는 잠시 생각하더니 말했다. 그래요, 어쩌면 당

신 생각은 안 했을지도. 잘해 나가실 거라고 확신했어요. 그리고 어쩌면 당신이 떠난 때가 정말로 딱 적절한 때였을지도 몰라요.

나는 분석을 끝냈지만 드레휘스 박사는 아니었다. 나는 꽤나 급작스레 분석을 끝냈다. 그가 날 붙잡기를 내가 바랐을 수도 있다. 하지만 물론 그는 그러지 않았다.

나는 말했다, 어째서 제가 잘해 나갈 거라고 확신하셨는데요.

그러자 그는 말했다, 왜냐하면 모든 일에도 불구하고 당신이 늘 조금 엄살을 부린다고 느꼈거든요.

드레휘스 박사에게서 분석을 받는 동안 나는 아다와의 관계를 끊었다. 그녀의 가족, 그녀의 일족 구성원들과의 관계는 그럭저럭 꾸준히 이어졌다. 적어도 중심과 동떨어진 구성원들, 변두리에 속하는 구성원들과의 관계는 말이다. 특히 마르코와의 관계가 그랬다. 아다는 우리를 늑대 무리와 즐겨 비교하곤 했는데 그것이 꼭 억지스럽지는 않았다. 우리 무리에는 알파 늑대—알파 암컷—가 있고 알파 암컷을 가까이에서 둘러싼 다른 늑대들—베타—이 다수를 이루었으며,

그 밖에 무리 주위를 맴돌며 무리에 속하지도 무리에서 떨어지지도 못하는 감마 늑대들이 있었다.

나는 내가 아다의 눈에 감마 늑대였다고 생각한다.
 마르코 역시 감마였다.

그는 아다와 마찬가지로 프랑크푸르트 출신이었고, 둘은 어린 시절부터 아는 사이였다. 그들은 같은 동네에 살고 같은 탁아소에 다니고 처음 몇 해는 같은 학교를 다녔다. 하지만 아다는 대학 입학 자격시험을 봤고 마르코는 군대에 갔다. 그 후 장벽이 무너지고 둘 다 베를린으로 갔고 둘 다 본가와 거의 연락을 끊었다. 마르코는 신축 지역에서 방 두 개짜리 집에 살았는데 때로 우리는 그 집에 들어갈 수가 없었다. 그는 점점 영락해 갔고 자꾸만 칩거하면서 아무도 만나려 하지 않고 우리가 함께 벌이는 일에서 빠졌기 때문이다. 그러다 무척 활기차고 사교적이고 속내를 잘 털어놓는 때도 있었다. 그는 뜻밖에 큰 식사 자리를 마련했고, 요리를 즐기며 잘했고, 후하게 인심을 베풀며 따뜻하고 다정할 수 있었는데 이 상태는 다시 그쳤고, 그는 몇 달 동안 사라졌다가 역시나 예기치 않게 다시 나타나 함께 있곤 했다. 때때로 그의 어머니가 프랑크푸르트에서 와서 살구버섯 한 바구니와 직접 구운 빵을 가져다주었다. 그는 어머니를 집 안에 들였고, 어머니는 집을 청소하고 정리한 후 다시 떠났다. 아버지와의 관계는 더 어려웠다. 마르코는 자기가 집에 없다고 말하게 했고 그의 아버지는 아들이 있다고 짐작되는 모든 집을 돌아다니며 초인종을 울렸으며 집집 부엌마다 탁자에 20마르크 지폐를 두고는 헛물만 켠 채 다시 프랑크푸르트로 돌아갔다. 우리는 그 돈으로 맥주와 마약을 샀고 마르코에게 전화를 걸어 아버지가 갔다고, 이제 나와도 된다고 말했다. 마르코에게는 예술적인 야망이 몇 가지 있었다. 그는 영화감독이 되고 영화를 찍고 싶어 했다. 그는 단편 영화 세 편으로 여러 곳의 영화 학교에 지원했는데 전부 매몰차게 거절당했고 이틀 뒤 스케치들이 담긴 포트폴리오를 완성해서 기왕에 미술 대학에도 지원하여 곧바로 입학 허가를 받았다. 그가 구상하는 그림은 성적인 의미와 암시가 실리고 심란하고 폭력적이었다가 나중에는 또 얌전하게 시적이고 고요했다. 그는 유난히 예쁜 치아와 어두운 입술, 정말 늑대처럼 초록색 눈을 지닌 비대한 남자였다. 그는 잘 씻지 않고 늘 똑같은 옷을 걸쳤고 무절제하게 술을 마시고 담배를 피웠고 여자에 대해서는 항문 성교 외에 관심이 없었다. 그는 큰 가슴이란 말을 마치 그게 먹을 수 있는 것인 양 특이하게 발음했다. 아다가 요약한 바에 따르면 그는 교도소 내 특수 보안 구역이었고, 그곳의 열쇠를 누군가가 이미 오래전에 내버렸다.

여름에 그는 바닷가 집에 왔다. 그는 모두를 위해 음식을 만들려 한 유일한 남자였고 재료를 마구 써 가며 생선과 고기가 든 푸짐한 요리를 만들었다. 그는 게에 환장한 나머지 고기잡이배에서 갓 잡은 게를 사서 아이들과 부엌 앞 테라스에서 게살을 발라냈고 그 바람에 바닥이 연분홍색 껍질로 뒤덮이고 껍질이 그의 맨발에 밟혀 딱딱 소리를 냈다. 그는 게를 며칠 동안 푹 삶아서 진액을 가지고 작업했다. 나는 그걸 가지고 작업해, 하고 그는 표현했다. 그는 절대 집 안에서 자려 하지 않았다. 헛간 안에 야전 침대를 펼치고 무더운 밤이면 자두나무 사이에 매트를 매달았고 우리가 정말 한참을 부탁하면 기타를 치면서 노래를 불렀는데 특히 즐겨 부른 건 '부에노스 타르데스 아미고 올라 마이 베스트 프렌드'*였다. 그는 대학 공부를 마치고 '나는 클라이스트의 머릿속에 있는

총알이다'라는 제목의 졸업 논문을 썼으나 논문은 통과되지 않았고 그는 개의치 않았다. 그는 그냥 졸업장 없이 학교를 떠났고 베를린 미테의 한 갤러리에서 첫 전시회를 열자는 제안을 받았다. 베르니사주**가 끝나고 다음 날 그가 내 집 문 앞에 서 있었는데 그의 얼굴 왼쪽 절반이 흡사 흘러내린 것 같았다. 입가가 늘어지고, 눈꺼풀이 늘어지고, 눈이 반쯤 감긴 모습이 마치 뇌졸중 발작이 온 사람처럼 보였다. 우리는 의사를 찾아갔고 의사의 추정에 따르면 안면신경마비, 즉 스트레스로 인한 얼굴 마비였다. 안면신경마비는 다시 사라졌지만 다른 증상들이 있었다. 다리 안에 개미가 기어다니는 듯한 느낌, 인지장애, 떨림, 피로와 이유 없는 공격성, 일상적인 상황에서 이상하게 어수선한 상태. 마르코는 다른 의사와 상담하고 이어서 또 다른 의사 그리고 또 다른 의사와 상담했고, 마침내 그가 받은 진단은 상당히 많이 진행된 다

---

* 미국 록 밴드 윈Ween의 노래 〈부에나스 타르데스 아미고〉의 가사. 실제 가사에서는 마지막 부분이 '마이 베스트 프렌드'가 아니라 '마이 굿 프렌드'다. 《여름 별장, 그 후》에 수록된 단편 〈발리 여인〉에도 이 노래가 언급된다.
** 정식 개막 전에 관계자를 초청해서 진행하는 특별 전시회를 가리킨다.

발성경화증이었다.

그는 자기 그림을 사람들에게 주고 몽비주 공원의 아틀리에를 비운 뒤 방 두 개짜리 집에 칩거했다. 그는 발코니에 화로를 두고 손님들에게 장작을 가져오라고 부탁했다. 내가 찾아가면 우리는 발코니에서 불가에 앉아 주거지의 풀밭, 빨랫줄과 검은 지빠귀를 함께 내다보았는데 놀랍게도 이웃들은 불을 신경 쓰지 않았고 그걸 무시했다. 그 불은 마르코가 자신에게 소중했던 것들에 표하는 경의였다. 언젠가 그는 그 일도 관두었고, 발코니의 밝은 벽에는 길게 그을린 자국 하나가 남았는데 그것은 그가 동틀 녘에 잉걸불을 끄고 자러 갈 때마다 몸을 기댄 자리였다. 그는 파자마를 입은 채 식사를 배달시키고 커튼을 닫고 텔레비전에서 만화영화 프로그램을 틀었다. 그는 병病을 향해 갔다. 숲속이나 깊은 물 속이나 버려진 빈집에 들어가듯 병 안으로 바로 들어갔다. 그를 설득해서 약을 먹게 하거나 언어 치료나 작업 치료를 받게 하려고 몇 번 시도해 봤지만 헛일이었다. 그는 빠르게 쇠약해졌다. 얼마 안 가 더 이상 걸을 수 없었고 겨우 말하고 물건을 붙잡고 혼자 음식을 먹을 수 있었다. 그리고 결국 부모님이 와서 그를 프랑크푸르트로 도로 데려갔고 오래 주저하지 않고 그곳의 양로원에 그를 집어넣었다.

나는 그 양로원에 몇 번 면회를 갔다. 베를린에서 기차로 육십 분 거리였고 양로원은 기차역에 인접해 있었다. 그곳에서는 남녀를 서로 나누었기에 남자들은 이쪽 휴게실에, 여자들은 저쪽 휴게실에 앉아 있었고 공동 식사 시간도 없어서 마르코는 자신의 방에서 더 이상 나가지 않기로 결심했고—그는 늙은 남자들과 식사하는 데 관심이 없었다—양로원 운영진은 그것을 용인했다. 마르코는 자기 방에 머물렀고, 방 안에서 자기 침대에 머물렀다. 나는 한두 시간 그를 면회했고 우리는 함께 묵묵히 앉아 텔레비전을 들여다보았다. 텔레비전에서는 야카리*가 사슴 야피터를 타고 풀빛 초원을 달리고 있었다. 그러고 나서 나는 다시 떠났고 기차를 타고 베를린으로 돌아왔다. 대략 일 년 후에 그는 심한 폐 염증을 앓아 삽관이 필요했다. 그는 정신이 또렷하고 의식이 있었으며, 담당 의

* 동명의 프랑스 만화에 등장하는 인디언 주인공.

사는 그에게 계속 인공호흡을 받기를 원하는지 물어보았다고 한다. 만일 그렇게 했다면 마르코는 폐 염증을 이겨 냈을지도 모르고 다시 그 방으로 옮겨졌을 텐데, 마르코는 인공호흡을 중단할 것을 부탁했다고 하고 의사는 그 말을 따랐다. 어느 1월의 첫 나날, 연약하기 일쑤인 첫 나날 중 하루에 마르코가 죽었고, 그의 어머니는 나에게 전화를 걸어 그 소식을 전하는 동시에 베를린에서 아무도 장례식에 오지 않았으면 한다고 말했다. 친구들 중 단 한 사람도 나타나서는 안 된다고, 가족은 아주 가까운 친지들만 모인 가운데 아들을 땅에 묻기를 원한다면서. 마르코는 이 가족에 속하지, 소위 친구라는 이들에게 속하지 않는다며. 결국 소위 친구라는 이들이 그를 병들게 놔두었다며.

마르코의 부모님과 그 일을 두고 옥신각신한 사람들이 있었음에 틀림없다. 그에게는 친구가 많았고, 비록 대부분이 그가 병에 걸린 시기에 사이가 멀어졌지만, 친구들은 그를 사랑하고 존경했으며, 많은 이들은 이러한 상황에서 작별이라 불리는 과정을 거치고 싶어 했다. 가족은 결국 마르코의 시신을 관대에 안치시키고 우리가 이 안치식에 참석하게 해 주겠다는 의향을 알렸는데, 그 대신 우리는 나중에 거행될 장례식에 불참하겠다고 약속해야만 했다. 우리는 어느 회색빛 겨울 아침에 프랑크푸르트로 갔고—같이 차 여러 대를 나눠 타고 갔다, 슬픈 행렬이었다—교외의 장의사 앞에서 마르코의 시신이 안치된 공간 앞에 길게 한 줄로 서서 차례를 기다렸다. 우리는 따로 상의하지 않고 기분과 불안과 슬픔에 따라 둘씩 또는 셋씩 그 공간에 들어갔고 그때 나는 누군가와 함께였던 것 같은데 그 사람은 먼저 나가고 나는 몇 분간 마르코와 단둘이 남았다. 병은 그에게서 무게를 가져가 버렸고, 그의 머리카락은 성겨졌고, 그의 억센 손은 갸름해졌다. 나는 양로원에 면회를 간 적이 있었기에 그의 연약함에 별로 충격을 받지 않았다. 어쩌면 그가 건강하던 때도 이미 연약함이 보였을지도. 그의 부모님은 이 안치식을 위해 그에게 옷을 입혀 놓았다. 그는 생전에 결코 입지 않았을 옷을 입고 있었다. 빳빳한 옷깃에 단정하게 다림질한 체크무늬 셔츠, 그 위에는 지퍼가 달리고 가슴 부분이 바다와 관련된 아플리케로 장식된 카디건, 성긴 머리카락은 매끈하게 가르마를 탔다. 그의 모습은 만일 그가 가족 곁에 머물렀더라면—만일 그가 아다를 만나지 않았더라면,

그녀를 따라 베를린에 오지 않았더라면, 베를린에서 다른 사람들과 엮이지 않았더라면, 만일 그가 누구나 가족을 떠날 수 있다는 아다의 설교를 듣지 않았더라면—됐을지 모를 남자처럼 보였고, 그의 가족은 끝끝내 그를 되찾아 우리에게 그가 어디에 속하는지 보여 주었다.

적어도 마지막에는 그가 어디에 속하는지.
 내가 그 공간에서 한 번 더 그를 만졌는지는 기억나지 않는다.
 오늘날까지도 익숙한 그의 얼굴이 짓고 있던 표정을 나는 기억한다. 폐쇄적이고 침착한 표정. 다른 곳에 가 있는 듯한 표정.
 그 장의사에서 우리는 차를 타고 오데르강 변의 한 공장으로 갔다. 누군가가 그곳에 마르코의 그림들을 걸어 두었다. 그가 영화 학교에 지원할 때 제출했던 영화들이 거친 벽면에 영사되어 끝없이 반복되었다. 이 영화들에서 그는 격하게 자해 행위를 했고 사람들로 하여금 고된 촬영 작업 때 분장으로 눈꺼풀을 봉하게 하고 카메라 앞에서 성기를 노출하게 했다. 비록 난방 장치는 고장 나고 얼음장같이 추웠지만 우리는 그 공장에 오래 머물러 있었고, 어둠을 타고 비로소 베를린으로 돌아갔다. 며칠 뒤 나는 평소와 같은 시각에 드레휘스 박사의 상담실에 들어가 재킷을 벗지 않고 소파에 눕지 않고 소파 옆 의자에 앉아 말했다. 상담을 끝내고 싶다고. 끝이었다.

마르코의 안치식은 균형을 잡아 주었다. 안치식이 어찌나 끔찍스러웠던지 나 자신의 공포, 그러니까 내가 까탈스럽게 그리고 드레휘스 박사가 '북'에서 한 말마따나 엄살을 부리면서 나의 삶에서 힘들었던 사건들을 분류하고 캐묻는 일은 수그러들었다. 나의 공포는 그것을 포기했다. 나는 그 일들을 일컬으려 하고 통제하려 하는 걸 포기했다. 그것은 그냥 더 이상 아무 의미가 없었다. 나는 슬픔, 기억, 그 불확실함과 무상함을 예상하는 것, 받아들이는 것이 중요하다는 인상을 받았고, 이 뜻밖의 깨달음 뒤의 첫걸음은 말하고 원망하기를 그만두는 것처럼 보였다.

중단하는 것, 밖으로 나가는 것.

드레휘스 박사는 어느새 소파 머리맡에 있는 자신의 안락의자에 자리를 잡고, 어느새 특유의 분석가 얼굴을 하고 있었다. 그 얼굴을 나는 지나온 수없이 많은 상담 시간에 재킷을 벗고 가방을 내려놓는 동안 곁눈으로 보았었다. 제대로 파악하기에는 너무 짧고 가면으로 인지하기에는 충분히 긴 시간이었다. 부정적인 뜻이 아니라 문자 그대로의 가면, 피분석자에게 관여할 때 짓던, 눈을 내리깔고 입가를 끌어내리고 집중한 가운데 지금 생각하면 철두철미하게 경계하는 표정. 이제 그가 눈을 들어 나를 바라보았고, 가면이 스르르 떨어졌다. 나는 그가 얼마나 깜짝 놀랐는지 알 수 있었고, 또 나의 통보가 그의 마음을 상하게 했다는 것도 알 수 있었다. 나는 두 손을 들고 무슨 말을 하려 했다. 그는 마르코의 죽음과 안치식, 장례식 참석을 금지한 일에 대해 알고 있었다. 나는 내 추측이 끝에 도달했다고, 당장 앞으로 어찌해야 할지 모르겠다고 말하려 했지만 핵심을 제대로 표현하지 못했고, 그가 내 말을 이해하든 못 하든, 내가 표현하고자 하는 바를 표현할 수 있든 없든, 혹은 나와 그 말들이 실패하든 말든, 결국 이제 내게는 아무런 상관이 없기도 했다. 아무래도 좋았다. 우리는 그 사십오 분 동안 처음으로 함께, 서로 마주 앉아 있었다. 드레휘스 박사는 늘 그렇듯 아무 말도 하지 않았다. 그리고 나 역시 더는 아무 말도 하지 않았다. 사십오 분이 지난 후 우리는 동시에 일어나서 악수를 주고받았고, 나는 상담실을 나왔다.

내가 문지방을 넘어서던 순간을 기억한다. 내가 어린 시절에 반복적으로 꾸던 여러 꿈에서의 상황과 비슷했다. 내 발밑의 바닥이 꺼지고, 현관 벽이 산산이 흩어져 무언가 끈적끈적한 것, 형광 물질 같은 것으로 변할 수도 있었을 것이고, 계단들이 요동치고 제각각 떨어져 나갈 수도 있었을 것이다. 그런 일은 일어나지 않았다. 나는 그냥 문지방을 넘어 층계를 내려갔고 아래에서 한낮의 겨울 거리로 나왔다. 그리고 더 이상 돌아가지 않았다.

'북'에서 드레휘스 박사는 '엄살을 부린다 wehleidig'는 말을 했다. 그리고 나는 아연했지만 그 말에 동의했고 오늘날에도 여전히 그렇다. 그것은 좋은 표현이고, 가끔 내가 특정한 감정 상태를 극복하는 데 도움이 된다. 드레휘스 박사가 이 점을 알았는지, 혹시 내게 그 말을 챙겨 준 것인지 나는 잘 모르겠다. 부적 같은 말, 보호해 주는 말로.

아픔Weh 그리고 괴로움Leiden.*

나는 진토닉을 한 잔 더 마시지 않았다. 드레휘스 박사는 내 책을 사겠다고 장담했다. 무슨 일이 있어도 책을 또 우편함에 넣지는 말라며 〈꿈〉을 읽고 나면 연락하겠다고 약속했다. 그가 진토닉 값을 냈고 나는 고마움을 표한 뒤 그와 바텐더와 작별하고 '북'에서 나와 세상으로 돌아왔다. 벌써 이른 아침이었지만 아직 정말로 밝아지지는 않았고 이에 나는 감사했다. 나는 프렌츠라우어베르크부터 바이센제까지 귀갓길을 전부 걸어갔다. 그리고 나는 몹시 행복했다. 만약 드레휘스 박사가 완전 순 멍청이라고 밝혀졌다면 왜 내가 불행했을지는 말하기 어렵다. 십 년에 걸친 나의 독백에서 정말로 달라질 건 하나도 없었을 테니까. 하지만 드레휘스 박사가 정상이라는 사실, 내가 발설한 이런저런 감정을 그가 알고 있었거나 다시 알아보았다는 사실, 우리가 그래도 서로 소통했었다는 사실이, 뜻밖에, 드러난 듯했다. 그걸 무엇으로 확

* '엄살을 피운다'라는 뜻의 독일어 형용사 wehleidig에는 '아픔'을 뜻하는 명사 Weh와 '괴로움'을 뜻하는 명사 Leiden이 들어가 있다.

인할까? 하나의 이야기를 채택하는 결정과 비슷하다. 하나의 이야기가 이야기라는 걸 무엇으로 확인할까. 하나의 단어가, 문장이, 혹은 물건이 한 이야기의 시작일 수 있다는 걸. 내가 깊은 우물 속에 내려뜨리는 측연. 이때 나는 무엇에 의지할까. 짐작건대 나는 특별한 본능에 의지한다. 무언가가 있다가 아니라 무언가가 없다고 당신에게 말하는 그 하나의 본능에. 우리가 가끔 쓰는 표현—내 말이 무슨 뜻인지 이해하지. 우리는 앞으로 어찌해야 할지 모를 때 이렇게 말하며, 이 표현은 늘 도피구이며 무언의 약속이다. 비록 네 말을 정말로 이해하지는 못해도 나는 그 뜻을 예감해. 혹은 달리 말하자면—나는 이해하고 싶어. 그리고 어쩌면 이걸로 충분할지 모른다.

나는 모종의 합의 형식, 공유된 인지의 형식이 존재한다는 데 의지하고 싶다. 그리고 비록 내가 누구나 혼자일 수밖에 없다는 걸 안다고 여길지라도, 그럼에도 상식을 거스르며 끝까지 그것을 바꾸고자 하는 게 내게는 중요해 보인다.

밤중에 드레휘스 박사와 만나고 얼마 후, 대략 세 달 뒤에 아다는 쉰 살이 되었다. 드레휘스 박사를 만나지 않았더라면 짐작건대 나는 이 쉰 번째 생일을 그냥 넘겨 버렸을 것이다. 나는 아다의 생일을 생각했겠지만 축하해 줄 생각은 떠오르지 않았을 것이다. 드레휘스 박사와의 만남은 무언가를 이동시켰다. 종착점에 그리고 새로운 시작점에 옮겨 놓았다. 그리고 그 여운이 길었던 까닭에 나는 12월 초의 그날 저녁에 아다가 아직 살던 집 앞에 서 있었다.

그리고 이 일을 글로 쓰는 동안, 이 일을 돌이켜 생각하는 동안, 나는 이 일이 실제로 일어났는지 전혀 확신할 수 없다. 내가 아다를 찾아갔던가? 아니면 그녀를 찾아간 꿈을 꾼 걸까. 아니면 나는 한 여자가 다른 여자와 자신을 둘 다 상담해 준 분석가와 만난 뒤 한밤중에 다른 여자를 찾아가는 이야기를 쓸까 생각한 걸까. 한 사람이 십 년 동안 더는 만나지 않은 다른 사람을 열린 현관문의 문지방 위에서 포옹하는 장면으로 이어질 수 있을 붉은 실*을 찾았던 걸까. 돌이켜 생각하면 이따금 나는 이야기의 어느 부분이 실제로

---

* 글 전체를 꿰뚫는 핵심적인 모티프, 생각 등을 뜻하는 관용적 표현.

일어난 일이며 어느 부분이 지어낸 일인지, 어느 부분이 이른바 자전적 진실을 담고 있는지 더 이상 확신하지 못한다. 결국은 아무래도 전혀 상관없다. 내가 그런 방문을 다룬 이야기를 썼다면, 그 이야기의 시작은 하나의 물건이었을 것이다. 즉 기타. 그러니까 만일 내가 아다의 쉰 번째 생일에 정말로 그녀를 포옹했다고 가정한다면, 내가 그녀를 포옹한 건 내 아이가 제 기타를 집에 갖다 놔 달라고 부탁했기 때문이다. 나는 밴드 연습을 마치고 오던 아이와 마주쳤고, 아이는 밤새 더 돌아다니고 싶어 했는데 기타가 거추장스러웠다. 우리는 인도 음식점에서 쌀로 만든 패스트푸드를 같이 먹었고, 나는 평소처럼 온갖 의미심장하면서 무의미한 훈계를 늘어놓은 다음에 아이를 보내 주고 기타를 등에 메고 집으로 가다가 불현듯 아다를 생각했다. 그녀의 생일을 생각했다. 그 시절을 생각했다. 나는 지금이 아니면 언제 볼까 생각했고 몸을 돌려 그녀의 집으로 갔다. 등에 멘 기타도 거기에 한몫했다. 기타는 나를 그때의 나와 똑같지 않게 만들어 주었다. 나는 조금은 다른 사람, 겉보기에는 음악가였고 콘서트를 마치고 오는 길일 수 있었다. 등에 멘 악기의 무게가 마음을 편안하게 했고, 다른 사람이 될 수 있다는 감각은 홀가분했다. 게다가 내 아이는 컸고 내가 아직 아이를 위해 해 줄 수 있는 일은 몇 가지 없었는데, 이제 거친 모험에 나서는 아이에게 이미 더는 신경을 쓸 수 없는 상황에서 적어도 아이의 기타를 집에 갖다 놔 줄 수 있다는 것이 내게 위안이 되었다. 나는 한편으로는 관대한 마음이면서 다른 한편으로는 비애에 사로잡혔다. 마치 기타가 갑옷처럼 나를 보호해 주는 느낌이었고, 이렇게 보호를 받는 가운데 나는 아다의 초인종 단추를 누른 뒤 버저가 울릴 때까지 기다렸다. 나는 계단실의 불을 껐고—이 디테일을 나는 이야기에서 근거 없이 언급할 것이다—층계를 세 번 올라 아다의 집으로 갔다. 내가 예전에 뻔질나게 드나들던 집이고 그 시점에는 그곳에 가지 않은 지 이미 수년이 되었다.

나는 무엇을 예상했던가.

나는 그녀가 나를 들여보내 주지 않을 경우에 대비하려 했다. 나는 몇몇 손님을, 내가 마찬가지로 몇 년간 더는 만나지 않은 안쪽 무리의 사람들을 상상했다. 나이가 들어 서로 오랜만에 만나 바라볼 때의 그런 눈빛들을 대해야 할 거라고 생각했다. 멸시하거나 인정해 주는 태도로 노화 과정을 유심히 훑어보는 시선, 상대방이 너도 마찬가지구나 기타 등등의 사실에 눈에 띄게 안도하는 모습. 처음에 보이는 정겨운 태도 아래에 깔린 아다 특유의 차가운 분위기에 나는 대비했다. 얼른 술 한 잔을 마시고 얼른 또 한 잔을 마시자고 나는 마음먹었다. 나의 모든 가정은 틀렸다. 아다는 집에 혼자 있었다. 그녀는 문가에 서서 어두운 계단실을 내다보며 거기 누구냐고 조심스레 물었고, 나는 그녀 집 층계참에 다다라서, 그러나 아직 어둠 속에서 내 이름을 말했고, 그녀는 아주 짧은 순간 망설였다. 곧이어 그녀는 한 걸음 물러나 내 이름을 되뇌고 문을 활짝 연 뒤 내게 들어오라고 했고, 우리는 포옹했다.

그사이 아다는―소문이 돌았었다―한 여자와 함께 살고 있었다. 나는 그 여자를, 무엇보다 두 사람이 함께 지내는 모습을 봤으면 했지만 그녀는 집에 없었다. 앞서 둘이 싸웠고 아다의 생일날 아침에 그 여자가 나가 버린 것이다. 아다는 그 일로 슬퍼하는 기색이 아니었다. 여자는 나가 버렸지만 아다에게 꽃을 선물했다. 부엌 창문턱에 있는 아이리스와 엉겅퀴와 백합은 특별할 수 있는 날을 나타내는 유일한 징

표였다. 파티는 없었다. 손님도, 음식도, 양동이에 든 샴페인도, 가정 음악회, 음악 자체도 없었다. 아다는 그냥 부엌에 앉아 병맥주를 마시고 있었다. 옆방에서는 그녀의 둘째 아이가 문을 닫고 컴퓨터 앞에 앉아 게임을 하고 있었는데 소리를 듣건대 다량의 무기가 사용되는 게임 같았고, 아다의 침실에는 큰 딸이 침대에 누워 있었는데 하필 어머니의 쉰 번째 생일날을 골라 사랑니를 뽑은 터였다. 나는 펠리 곁의 침대 모서리에 잠시 앉았고 아이의 두툼한 뺨에 손을 얹었다. 펠리가 사랑니를 뽑지 않았더라면 내 아이와 거친 모험을 함께했을 텐데. 어쩌다 보니 우리 아이들은 서로 친했다. 비록 우리는 더 이상 서로 친하지 않지만, 혹은 바로 그 이유로 인해. 아이들은 바닷가 집에서 보낸 여름들에, 그 자체 공동체의 구조에 매달렸다. 어느 모로 보나 아이들은 전처럼 계속하기를 원했고, 어른들과 달리 서로 떨어질 수 없었다. 펠리는 나의 등장에 깜짝 놀랐을 수도 있지만 아무 내색도 하지 않았다. 아이는 내 서늘한 손을 한동안 꼭 쥔 뒤 놓았다. 나는 부엌으로 돌아갔고 그사이 아다는 나를 위해 탁자 위에 맥주 한 병을 두었다. 부엌은 달라진 게 없었다. 예전과 같이 되는 대로 막 늘어놓은 혼란 상태, 냉장고에 붙은 증명사진들만이 새로웠고 문에는 칠판 페인트를 칠했는데 누군가가 어두워지는 게 보일 만큼 충분히 밝다라는 문장을 분필로 적어 놓았다. 뒷벽에는 여전히 책장이 있었다. 아다가 책을 부엌에 둔다는 점은 이십오 년 전에도 내게 인상 깊었다. 그리고 창문턱의 꽃병 주변에는 물건들이 널려 있었다. 그녀의 손에 들어와 그녀가 가치와 의미를 부여한 그 물건들을 언젠가 그녀는 하루아침에 주저 없이 떨어뜨릴 터였다. 그날 저녁에는 구멍 난 돌, 나무 물고기, 잭슨 크레용이 있었다. 책장과 싱크대 사이 벽들에는 몰딩에서 일 미터 높이까지 둘째가 밀랍 크레용으로 개발새발 그린 낙서가 아직도 있었다. 당연하게도 둘째는 벽에 그림을 그려도 됐었고, 심지어 그러라고 권장했었다. 아다가 말하길 둘째는 요 몇 주 동안 더 이상 학교에 가고 싶어 하지 않았고, 그녀는 아이를 절대 억지로 학교에 보내지 않을 거라고, 이제는 아이 아버지가 이 문제로 아동청소년청 사람을 보냈고, 지금 힘든 상황이라고 했다. 아다를 보건대 상황이 너무 힘든 것 같지는 않았고, 그녀는 마치 우리가 일주일 전에 마지막으로 본 것처럼 내게 그 모든 다툼에 대해 이야기했다.

친근하게.

우리는 친근하게 창가 탁자에 앉아 뒷마당으로 시선을 향한 채 밝게 불을 켠 타인들의 삶의 창문을 건너다보며 잔을 맞부딪쳤고—생일 축하하고 좋은 일만 있길—우리는 모든 친근함에도 불구하고 또한 코끝이 찡했다, 조금 당혹스러울 만큼 감동했다. 우리는 이런저런 이야기를 하다가 그 여름들에 관해 말하게 됐고, 그녀는 그 집의 상태에 대해, 삼촌에 대해, 그리고 조금은 글쓰기에 대해서도 물었지만 우리는 그 이야기를 더 이어 가지는 않았다. 나는 드레휘스 박사와의 만남에 대해 아무것도 말하지 않았다. 아다는 분명 몹시 흥미로워했을 테지만 나는 그 일을 비밀로 간직했다. 나는 〈꿈〉이라는 이야기에 대해서도 아무것도 말하지 않았다. 나는 아다가 그 이야기를 읽었다고 꽤나 확신했고, 만약 아다가 그 이야기를 읽었다면 내가 그녀와의 과거를 극복했다는 걸 알았을 것이다.

아다는 내가 그녀와의 과거를 극복했다는 걸 아는 듯했다.

펠리가 부엌에 와서, 자기가 먹으려고 작은 병에 든 이유식을 데우고 우리가 있는 탁자에 앉았다. 긴 팔다리와 반짝이는 눈을 가진 매력적인 여자애. 펠리는 다음과 같은 사실을 아마도 벌써 배운 것 같았다. 너는 반평생 동안 사람들을 만나지 못하다가 다시 만나고 네가 그만둔 곳에서 다시 시작한다, 그냥 계속해 나간다—정말, 그렇게 한다. 만남들 사이의 세월은 중요하지 않고, 그 사람들은 계속해서 네 삶에 자신을 써 나간다, 네가 그들을 만나든 만나지 않든 상관없이—아무 상관없이. 둘째는 컴퓨터에서 벌이던 무절제한 폭력 행위를 관두고—아다에게는 그것이 게임이라는 게 중요했다. 둘째는 이러나저러나 게임을 할 테고 누가 아이에게 그걸 못 하게 하고 싶겠는가—부엌에 와서 냉장고에서 체더치즈 한 조각을 꺼냈다. 아이는 몹시 유감스럽게도 제 아버지를 쏙 빼닮았고, 정신이 딴 데 가 있는 것 같은 느낌을 주었으며, 축 늘어진 손을 대충 내밀어 니와 악수한 뒤 다시 방에 들어갔다. 이 아이가 네 살일 때 나는 장난감 권총을 성탄절 선물로 주었는데 아이는 오직 이 선물만을 기다렸다는 듯 망설임 없이 바로 그 자리에서 총으로 제 엄마를 쏘았고, 그 후로 우리가 다시 만난 적은 없었다. 아이가 유치원생일 때 아다는 아이를 업고 층계를 올라 유치원까지 데려다주었고 다른 어머니가 이렇게 큰 아이를 왜 아직도 업느냐고 묻자 그녀는 이렇게 대답했다. 아이를 사랑하니까요. 내가 내 아이와의 관계에서 친근함과 거리감을 오가며 혼란에 빠질 때면, 내가 아이를 보내 주고 신뢰하고 운명에 맡겨야 할 때면, 나는 그 대답을 생각한다. 아다의 둘째 아이는 그 집에서, 어머니와 누나 곁에서 안전하게 있는 듯 보였다. 아이가 누리는 안전은 한편으로는 분명 올바른 것이었고 다른 한편으로는 추측건대 아이의 삶을 더 수월하게 만들어 주지 않을 터였다. 내가 누구라고 이런 판정을 내리는가. 나는 아다를 바라보았다. 그녀는 아주 예뻐 보였고, 머리카락은 검은색과 은백색이었고, 얼굴 표정은 전보다 더욱 범접할 수 없었고, 테두리를 친 듯 거리를 두는 태도였다. 나는 펠리를, 뒤이어 둘째를 바라보았고 아다는 내가 바라보도록 두었다. 그녀는 몇 주 전에 콘서트에 갔었는데 그때 내 아이가 만취한 채 밴드의 프런트맨으로 첫 공연을 했다. 나는 그럴싸한 이유로 콘서트에 가지 않았다. 아다와 나는 이에 관해 서로 숨길 게 아무것도 없었다.

    나는 자정까지 머물렀다. 그러고 나서 나는 내 아이의 기타를 다시 등에 멨고, 우리는 작별 인사를 나

누웠다. 따듯하고 꽤나 친밀하게. 그 이후로 우리가 또 만난 일은 없었다.

진실.

 나는 진실을 말할 것을 맹세한다. 순수한 진실을, 오직 진실만을. 삼십 대 초에 나는 새벽 네 시에 어느 바에서 아다에게 말한 적이 있다. 더는 절대 거짓말을 하고 싶지 않다고. 이 말에 그녀는 믿을 수 없을 만큼 오래 웃었다. 내가 분석을 받던 시절 내내 나와 부부였던 남자는 내가 밤중에 드레휘스 박사와 만난 일에 대해 나름의 독특한 견해를 가지고 있었다. 나는 그날 아침이 아니라 몇 달 뒤에야 그 일을 그에게 이야기해 주었다. 그날 아침에 그가 G와 보낸 저녁에 대해 묻자 나는 회피하는 답변을 하고 드레휘스 박사와 만난 일을 비밀로 했었다. 마치 난쟁이가 자신의 돌을, 보물을 숨기듯 경계하면서. 그 만남은 보물이었고, 나는 그것을 공유하고 싶지 않았다. 짐작건대 나는 당시의 남편이 그 일에 대해 뭐라고 할지도 알고 있었을 것이다. 나는 그것을 예감했다. 몇 달 뒤 그럼에도 나는 한순간 마음이 약해지고 신뢰를 느껴서 그에게 그 일을 이야기했다. 내가-말하려는-게-뭔지-

이해하지-순간에. 그는 내가 말하려는 것을 이해하지 못했다. 혹은 내가 말하려는 것을 나보다 더 잘 이해했다. 그는 내가 속마음으로는 오직 드레휘스 박사와 잠자리를 가지는 데만 관심이 있었다고 주장했다. 그것은 계획된 일로, 내가 실은 아다와 잠자리를 가지길 원했다는 사실과 관련이 있으며, 밤중에 그 술집에서의 만남은 나의 의도에 딱 들어맞는 이상적인 우연이었다고. 그리고 바 테이블에서 보낸 두 시간과 진토닉과 담배 정도로 일이 그친 것은 놀랍게도 내가 나의 욕망보다 더 영리했기 때문일 뿐이라고 했다. 드레휘스 박사 또한 내가 그와 잠자리를 가질 것인지를 알아내고 싶었기 때문에 십 년에 걸쳐 무의미하게 분석을 질질 끈 거라고, 실은 남자에게 더 관심이 있으면서, 자기는 그걸 아는데 왜냐하면 나와 달리 자기는 상담실 앞에서, 이른바 현실에서 그를 만난 적이 있고 드레휘스 박사가 그의 말에 따르면 백 퍼센트 확실한 눈빛을 자신에게 보냈기 때문이라며.

좋다.

나는 이 문제를 그대로 놔두고 싶다. 사실 중요한 문제도 아니고, 내가 이 일을 다른 모든 것에 덧붙이는 건 다만 이로써 사정이 더욱 명확해지기 때문이다.

결국 우리가 하는 모든 일에는 늘 여러 가지 이유가 있다. 우리가 아는 이유와 우리가 예감하는 이유. 그리고 우리가 전혀 모르는 이유. 그리고 후자가 어쩌면 가장 강력하고 가장 설득력 있는 이유일지 모른다.

드레휘스 박사는 우리가 만나고 몇 주 뒤에 짧고 다정한 편지 한 통을 보냈다. 그는 〈꿈〉을 즐거이 여러 번 읽었으며 아주 만족스러웠다고 썼다. 그가 편지에 쓴 내용을 인용하면 이렇다. 이 얼마나 지칠 줄 모르는 세밀한 작업인지, 모든 걸 어찌나 능란한 솜씨로 낯설게 하고, 일그러뜨린 나머지 결국 더 이상 맞는 게 하나도 없지만 모든 게 진실하군요.

그리고 그는 덧붙였다. 안부 전해 주시면 좋겠어요.

II

나는 아다의 쉰 번째 생일 저녁에 그녀와 만난 일에 대해서는 아무 이야기도 쓰지 않았다. 어쩌면 나는 여기에다가 초안을 작성한 것이고, 내가 언젠가 쓸 수도 있을 이야기의 시작을 발견한 것일지도 모른다. 하지만 어쩌면 쉰 번째 생일에 대한 하나의 가능한 이야기가 이 텍스트로 마무리된 것일지도 모른다. 나는 한번 공개된 일들이 이미 희생되었다고, 그러니까 상실되었다고 느낄 때가 많다. 내가 만약 아다의 생일날 저녁에 대한 이야기를 쓴다면 그 이야기는 부엌에서 보낸 그 시간보다는 이후 우리가 다시 만나지 않았다는 사실을 더 서술할 것이다. 그 이야기는 그것을 서술하지 않고 단언하는 것으로 끝나야만 할 것이다. 이것이 이야기의 중심이다. 일어나지 않는 것, 부재하는 것. 하지 않음.

하지 않음은, 원래 늘 그렇듯이, 요점일 것이다.

나는 프랑크푸르트 근교의 장의사에서 있었던 마르코의 안치식에 대해서도 아무 이야기도 쓰지 않았고, 주거지가 보이는 그의 발코니에서 우리가 보낸 밤들에 대해서도 마찬가지고, 양로원에 면회를 간 일, 그의 침대 옆에서 보낸 인상적인 시간들에 대해서도 아무 이야기도 쓰지 않았다. 그 여러 차례의 면회 가운데 한번은 마르코가 뜬금없이 말했다. 나는 왕이야. 그에게 어울리는 문장이었고 나는 더 캐묻지 않았다. 옳은 말이었다. 텔레비전, 창가의 빈 레조팔* 탁자, 방을 나가지 않아 쓰지 않는 휠체어, 그리고 그가 자신의 뿌리를 잊지 않도록 그의 어머니가 침대 위 벽에 걸어 둔, 그 벽에 못 박아 둔 가족들 사진이 있는 암울한 방, 이 방의 침대에서 그는 왕이었다. 비록 이

* 탁자 상판 등의 코팅제로 사용되는 합성수지 상표명.

와 같은 문장들이 내 기억 속에 남아 있고, 이야기에 어두운 마력을 부여하기에 안성맞춤이며, 실은 저항할 수 없는 매력을 지녔음에도 나는 마르코에 대한 이야기를 쓰지 않았다. 하지만 아다의 생일날에 그녀와 만난 일이 의심쩍은 것과 달리 마르코의 안치식은 지독히도 확실하게 일어난 일이었다. 양로원에서의 그해는 실제로 있었고, 작별도 있었고, 그래서 나는 이에 대한 이야기를 쓰지 않았다. 마르코는 떠났다. 이 경우 그의 부재라는 빈자리는 추상적이지도 낭만적이지도 않고, 그것은 나의 혹은 그의 결정이 아니며, 그것은 단순한 사실이다. 어떤 문장들은 현실에 너무 가깝다. 그것들은 현실에 속하며, 현실과 분리할 수 없다.

그것들에는 비밀이 없다.

그것들은 명백하고, 진실이며, 이 문장들에는 뒤흔들 것이 없다. 하나의 이야기 안으로 인도하는 문장들은 중간 세계에서 오고, 불투명하고, 해석 가능하고, 바꿀 수 있으며, 이는 세계를 바꿀 수 있다는 뜻이다. 나는 세계를, 나의 세계를 이야기를 통해 바꿀 수 있다. 두 페이지, 일곱 페이지. 녹는점들. 무슨 빛이 있는가. 이것이 내가 안다고 여기는 것이다. 그리고 더 나아가 물론 이야기들이 알고 있는 것 그리고 이야기들이 나 없이, 내 머리를 넘어 결정하는 것도 있다. 어쩌면 내가 먼 훗날에 마르코의 안치식에 대한 이야기를 쓸지도 모르겠다. 그 안치식을 정확히 비껴가면서. 어쩌면 그 이야기는 이미 존재할지 모르며, 내가 다만 보지 못하는 걸 수 있다. 나는 그 이야기를 아직 꿈꾼다고 말할 수 있으리라.

드레휘스 박사는 꿈과 관련해 내게 한 가지 지시를 줬었다. 한 가지 제안을. 꿈을 꾸고 난 다음 날 아침에 꿈 내용을 글로 적으라, 이 버전을 한쪽에 치워 두라, 다음 날 아침에 꿈 내용을 다시 적으라, 셋째 날 아침에도 똑같이 하라, 그런 뒤에 비로소 세 가지 버전을 나란히 놓고서 비교하라—세 번째 버전에서 언급되지 않는 디테일이 그 꿈을 꾼 이유다.

    일리가 있는 방법일까. 이것이 승인된 방법일까, 아니면 드레휘스 박사가 나를 위해 고안해 낸 걸까. 어쨌거나, 그의 편지를 읽을 때 이 방법이 머릿속에 다시 떠올랐다. 내 작업에서 그가 받은 인상, 이야기가 끝났을 때 더 이상 맞는 게 하나도 없지만 모든 게 진실하다는 생각. 마치 텍스트 작업과 꿈 작업 사이에 유사한 점이 있는 것처럼, 지칠 줄 모르는 세밀한 삭제 작업.

나는 꿈을 별로 꾸지 않았기에 그러한 꿈 해석 방식을 적용하는 일이 드물었다. 드레휘스 박사는 꿈이 부족한 데 실망했을 것이다. 그 이야기에 나오는 문장이다. 부족한 꿈 재료에 실망했다. 문장을 감싸 놓는 내 성향을, 하나의 순간을 둘러싸서 고치를 지으려는 내 욕구를 나는 영유아기의 각인이라 부를 수 있으리라. 내가 꿈을 꾸지 않는 건 어차피 이런저런 일을 숨기는 데, 그것들을 멀리하는 데 쉼 없이 골몰해 있기 때문이다. 혹은 달리 말하자면, 내가 꿈을 꾸지 않는 건 글을 쓰기 때문일지도 모르겠다.

군트람 베스퍼는 《빛 실험 암실》에서 이렇게 말한다. 나의 어린 시절을 생각하면 내 주위에서 그리고 나와 더불어 일어난 일을 해독해 주는 암호와 같은 체험들이 떠오른다. 나의 경우는 반대다. 즉 체험들은 내 주위에서 일어나는 일을 수수께끼로 만들고, 그 경계를 없애고, 그것을 몇 배로 만들고, 상승시키고, 결국 이해하지 못한 채로 그냥 다시 해체해 버리는 암호다.

어린 시절에 나는 꿈을 하나 꾸었는데 어찌나 인상

적이었던지 오늘날까지도 기억이 난다. 그 꿈은 인형의 집과 관련된 것인데 나의 아버지가 날 위해 만들어 준 그 인형의 집을 나는 많이 가지고 놀았다. 나는 놀다라는 단어를 오늘날 더 이상 그 인형의 집과 연관 짓고 싶지 않지만 말이다. 그것은 놀이가 아니었다. 혹은 단순한 놀이 이상이었다.

인형의 집은 컸다. 일곱 살 나의 키만 한 중심 건물과 측면 부속 건물. 뤼베크의 시민 가옥을 본떠 만든 것으로, 아버지가 모든 공력을 쏟은 집이었다. 현관 홀, 나선 층계, 회랑, 이 층, 삼 층과 사 층, 부엌들과 욕실들, 식당, 침실, 살롱과 서재. 벽난로, 대형 괘종시계, 책장, 수납 책상, 피아노 한 대와 작은 거울, 벨벳 커튼, 작디작은 샹들리에, 두 짝 출입문에 달린 성냥 머리만 한 초인종.

그것은 겉보기였다.

그 뒤에는 또 하나의 인형의 집—은신처로서의 인형의 집—이 숨어 있었다. 바닥의 뚜껑문과 벽에 숨겨진 문, 뒤에 골방이 숨어 있는 장롱, 확 열리면서 창문 없는 지하 감옥을 드러내는 벽. 나는 아버지에게 무슨 생각으로 이런 걸 만들었느냐고 묻지 않았다. 짐작건대 그는 비밀이란 게 존재한다는 걸 내게 알려 주길 원한 것 같다. 공간들 뒤의 공간들. 이중의 의미들. 즉 나는 모든 것이 보기와는 다르다는 사실을 알아야 하는 것이었다. 우리 가족은, 분명 어느 가족이나 그렇듯, 비밀을 가지고 있었다. 지금도 그렇다. 오늘날 생각하면 인형의 집은 훈련장이었다.

꿈에서 나는 깨어 있었고, 내 침대에 누워 있었다. 문에 달린 유리창을 통해 마룻바닥에 비치는 침침한 타원형 빛을 제외하면 방은 어두웠고, 저녁에 부모님이 함께 앉아 있는 방에서 멀리 떨어져 있었다. 나는 말똥말똥 깨어 있었고, 안쪽 깊숙이 자리한 이 방을 도깨비 같은 존재가 휙 가로지르는 걸 보았다. 그것은 곱사등으로 소리 없이 이리저리 휙휙 다니더니 마지막엔 인형의 집에 들어갔다. 늘 나는 큰 존재보다는 작은 존재를 무서워했다. 나는 부모님을 불렀다. 나는 소리를 지르며 부모님을 불렀고, 영원같이 긴 시간이 걸렸지만 마침내 부모님이 와서 불을 켜고 질겁한 내 모습에 미소를 짓고서 인형의 집을 환히 비추었고 당연히 아무것도 발견하지 못했다. 그 존재는 이미 지하 감옥 중 한 곳에 몸을 숨겼으니까. 아버지는 지하 감옥이 있다는 걸 알았다. 나는 그 존재가 그곳에 있다는 걸 알았다. 그러나 아무 소용이 없었고, 어머니가 내게 이불을 다시 단단히 둘러 준 다음 부모님은 나를 홀로 남겨 두고 방을 나갔고, 나는 등을 대고 누운 채 가만히 귀를 기울였고, 사악한 것이 몰래 도사리고 있는 인형의 집의 윤곽을 노려보았다. 나는 그곳에 무언가가 있고, 다시 오리란 걸 알았다. 그리고 꿈은 이대로 끝나며, 여기에서 꿈과 현실이 뒤엉킨다.

분명코 내가 잊어버린 디테일이 하나 있다. 그것은 아주 작은 디테일이며 내가 그 꿈—무서움, 두근거리는 심장, 이루 전할 수 없는 공포는 세월이 흘러도 그대로며 내 기억 속에 동결된 것 같다—을 꾼 이유다.
    내가 잊어버린 게 무엇일까.

인형의 집에는 거주자들이 있었다. 아버지와 어머니와 몇몇 아이들, 조부모, 삼촌과 숙모 들로 이루어진 한 가족, 털실 머리카락에 펠트 셔츠를 입고 얼굴에는 둥근 눈과 웃는 입이 그려진 나무 인형들이었다. 사실 나는 인형 하나만 가지고 놀았다. 빨간색 원피스를 입고 갈색 장화를 신고 머리를 양 갈래로 땋은 소녀, 그것은 아나였다. 거기에는 다른 인형들이 있고 존재했지만, 나는 그것들을 사용한 기억이 없다. 소녀 아나는 가족 안에서 망명자였다. 무언가를 피해 숨어야 하는 고아. 그리고 나는 아나를 가지고 놀 때면 그렇게 했다. 나는 아나를 숨겼다.

오늘날 그 인형의 집은 바닷가 집의 다락 복도에 있다. 중심 건물만 남았다. 부속 건물은 사라졌고, 가구 대부분이 분실되었고, 인형은 거의 다 없어졌다. 방들은 폐허가 됐고, 몇 남지 않은 물건들은 망가졌고, 다리가 세 개 달린 작은 탁자, 찢어진 이불이 있는 작은 침대, 그림들은 벽에 비뚤게 걸려 있고, 작은 거울은 금이 갔고, 층계 난간은 부서졌다. 그 인형의 집에는 폭탄이 떨어졌다. 그곳에서는 전쟁이 일어났다. 누가 인형의 집을 이 꼴로 만들었는지 나는 모른다. 나는 아이들이 그것을 가지고 노는 걸 본 적이 드물었다. 몇몇 아이들이 왔었다. 내 아이, 아다의 아이들, 다른 이들의 아이들, 내 동생들의 아이들. 나는 그 아이들 중 아무도 과거의 나처럼 인형의 집을 다루는 걸 본 적이 없었다. 그러니까 함부로. 그걸 난 깨닫는다. 아마도 어떤 아우라가, 백묵으로 그린 원이 인형의 집을 둘러싸고 있나 보다. 인형의 집에는 뚫을 수 없는 마법의 고리가 있고 다른 아이들은 내가 아이일 적에 본 것과는 다른 것을 본다. 내 아이가, 아다의 아이가 벽에 숨겨진 문을 발견했는지, 사이 공간과 마주쳤는지, 비밀의 골방 중 한 곳에 이르렀는지 나는 모른다. 인형의 집을 누가 일부러 폐허로 만든 게 아니었다. 그냥 그리된 것이다. 인형의 집은 현실의 집처럼 버림을 받고 빈집이 되었고, 언젠가 창문 하나가 깨지고 또 하나가 깨졌고, 뒤이어 작은 동물들이, 뒤이어 큰 동물들이 집 안에 숨어들고 거미줄을 치고 둥지를 지었다. 서까래에서 자작나무가 자랐고, 현관홀에서 누가 가재도구를 토막 내 불을 붙였고, 벽 사이에 그물질이 깃들었다. 그리고 다른 물질들이, 그림자들이.

금, 푸른 녹, 어둠.

여기에는 무언가 적절한 점이 있다. 나무로 된 족속, 미소 짓는 얼굴과 둥근 머리를 가진 그 친근하고 순진한 형상들은 사방팔방으로 흩어졌고, 팔다리를 남겨 두었고, 머리는 굴러가 버렸고, 부서진 것들 사이에 뜯어진 발들, 잘린 손들이 널려 있었다. 눈알들도. 그리고 참으로 오직 아나만 남아 있고, 실제로 나는 글쓰기의 붉은 실을 찾아 바닷가 집에 가서 인형의 집 앞에 앉아 아나의 방을 엿보다 그녀를 발견한다.

일곱째 아기 염소.*
 아직 그곳에 있다.

문이 경첩에서 떨어져 나간 장롱 옆 한구석에서 벽에 기댄 채. 펠트 원피스와 땋은 갈색 머리, 사십오 년 전에 내가 갖고 놀 때 항상 머리를 잡았는지 팔보다 어두운 색의 얼굴. 나는 휴대전화로 장롱 뒤 그 구석에 있는 아나의 사진을 찍었는데 사진이 무언가 유령같이 으스스해서—방은 범행 장소, 난장판은 범죄 행위— 그녀를 그곳에서 해방해 주어야 했다. 나는 스스로도 깜짝 놀랄 만큼 격한 동작으로 그녀를 집어 재킷 주머니에 넣었다. 집에 와서 다시 꺼내 내 책상 위에 세워 두었다. 하루 뒤에 여름 별장으로 돌아가서 마지막으로 남은 아직 성한 작은 의자를 그녀에게 가져다주었다.

 그 작은 의자는 이제 컴퓨터 왼쪽에 있고, 아나가 거기에 앉아 있다. 그녀는 나를 바라보지 않고, 내

* 그림 동화 〈늑대와 일곱 마리 아기 염소〉에서 늑대는 집 안에 숨은 아기 염소들을 전부 잡아먹지만 일곱째 아기 염소만은 찾아내지 못한다.

게 등을 돌린다. 우리 둘 다 똑같은 창문을 내다보고, 우리 둘 다 의자에 앉아 있고, 그녀는 움직임이 없고, 나는 대체로 움직임이 없고, 나와 그녀 사이에는 어떤 관계가 존재한다. 그녀는 마트료시카가 아니며, 그녀 안에는 더 작은, 또 더 작은, 그리고 제일 작은 인형이 숨어 있지 않지만, 물론 그럼에도 그녀 안에는 무언가가 숨어 있으며, 나의 모든 여성 인물들은 이 나무 소녀와 관련이 있을 수 있고, 나의 모든 이야기들은 인형의 집에서 시작되었을 수 있다. 나의 아버지는 내게 집을 만들어 주었고, 가능한 한 일찍 내게 삶을 가르쳐 주었다. 내가 글을 읽기 시작했을 때, 그러니까 아버지가 내게 책 읽어 주는 걸 관두었을 때 나는 네 살이었다. 한편으로 아버지는 더 이상 나를 위해 뭘 할 필요가 없었고 할 수도 없었으며, 다른 한편으로는 그것이 적절했고 그걸로 충분했을지도 모른다.

지난해 내 여동생이 성탄절을 맞아 우리가 어릴 때 보던 책 한 권을 나에게 선물했다. 우리가 성탄절을 함께 보내지 않은 건 그때가 두 번째로, 팬데믹이 가족을 서로 갈라놓았고, 두 아이의 어머니이며 프랑스에 사는 여동생은 오미크론이 유행하는 상황에서 프랑스를 떠나고 싶어 하지 않았다. 나는 내 아이와 아이 아버지와 함께 성탄절을 보냈는데, 아이가 여동생이 보낸 성탄절 소포를 풀자 맨 위에 책 한 권이 있었다. 우리가 여러 차례의 길고 침통한 록다운 통화 중에 한 번 이야기한 책이었다.

《노란 집》. 이 책은 절판되었고, 낡고 헤진 책이 인터넷에서 100유로에 거래되고 있다. A4 규격의 두꺼운 판지로 된 앞표지에는 창 여섯 개가 달린 삼 층짜리 노란색 임대 주택 건물이 있다. 표지를 펼치면 건물 안이다. 계단실이 왼쪽에, 오른쪽에는 위에서 아래로 작은 책 여섯 권이 세 줄로 붙어 있고, 겉장에 문 여섯 개, 그 뒤에, 바로 집들이 있다. 노란 벽, 공 모양의 전등, 파란색으로 칠한 계단, 긴 리놀륨 깔개, 출입문 옆에는 세입자들의 이름이 있는 입주자 명부—이 모든 게 우리가 자란 집과 비슷하다. 어릴 적에 나는《노란 집》을 좋아했다. 안쪽에 있는 작은 책을 펼치는 건 한 집의 문을 여는 일, 보이지 않게 타인의 삶에 침입하는 일이었다. 일 층에는 관리인이 카나리아와 고양이와 같이 있고, 다락방에는 음악 교사가, 이 층에는 평화로운 가족이 있었다. 가장 떨리는, 가장 으스스한 집은 삼 층에 있는 A. 오스발트의 집이었다. 그 집이 떨리고 으스스한 까닭은 A. 오스발트가 집에 없었기 때문이다. 문이 있는 페이지를 펼치면 나는 어둑한 현관에서 빈 옷걸이 앞에 서 있었고 이 현관에서 또 하나의 문이 텅 빈 방으로 통했고 그 안의 커튼 뒤에서 거북 한 마리가 기어 나왔다.

정적.

사십 년이 지나서, 내 아이가 한 예외적인 성탄절에 이 책을 제 이모의 소포에서 꺼내 의문에 차고 미심쩍어하는 눈빛으로 내게 건넸을 때 나는 바로 예의 감정, 즉 팽팽한 기대감을 다시금 느꼈다. 나는 책을 무릎 위에 두고 가만히 귀를 기울였고, 동시에 나는 A. 오스발트의 텅 빈 집 안에 서서 가만히 귀를 기울이고 있었다. 무언가에.

내가 자란 집의 문을 여는 건 비밀 속에 있는 것을 뜻했다. 다른 아이들을 예고 없이 집에 데려오는 일은 있을 수 없었고, 나는 내가 아는 다른 모든 아이들처럼(나는 여섯 살이 될 때까지 아는 애가 하나도 없었다) 그냥 둘이나 셋이서 문 앞에 서 있을 수 없었다. 나는 개방적인 집에서 자라지 않았다.《노란 집》이, 삼 층에 있는 고요한 집의 비밀이 그토록 내 마음을 끈 것은 이런 상황과 관련이 있을지 모른다. 우리 집은 분위기와 예감과 기분의 집이었고, 이 집은 불안정하고 불가해하며 아이에게는 완전히 예측 불가였다.

나는 할머니와 자랐고 그것은 비관습적이라 할 수 있을 텐데, 당시의 상황을 완곡하게 말하자면 아마 그럴 것이다. 우리는 부모님과 함께 살았다. 즉 넷이서 베를린 노이쾰른의 구축 건물*에 있는 널찍하고 구불구불한 집에 살았고 그곳에는 밝고 어스름하고 어두운 방들이 있었다. 물건으로 막힌 골방들, 가假천장들, 종이로 가득한 마분지 박스들, 쌍여닫이문 앞으로 밀어 놓은 책장들, 책 더미들, 책 더미 사이로 난 통로들. 청소하는 사람은 아무도 없었다. 모든 게 먼지투성이였다. 부엌에는 식기가 모였고, 현관문 옆에는 헌 신문지들, 빈 병들, 세탁기에는 산처럼 쌓인 옷가지, 어머니는 저녁에 집에 오면 그것들을 세탁기에 쑤셔 넣은 뒤 재킷을 벗었다. 어머니는 가족을 위해 돈을

* 독일에서 일반적으로 1950년 이전에 지어진 건물을 뜻한다.

벌었다. 내가 외동이던 칠 년 동안 아버지는 수학과 물리학을 공부했다. 그리고 우울했다. 아마 그의 상태를 완곡하게 표현하자면 말이다. 할머니는 집안을 챙기려고 노력했다. 할머니는 나를 봐 주었는데 물론 그녀가 덜 우울한 건 아니었다. 그녀는 신경과 병원에서 수년을 보냈고 쉰 살에 소아마비를 심하게 앓아 전신이 마비되었다가 나았지만 몸 왼쪽이 여전히 성치 않고 무감각했다. 그녀는 장애를 가지고 있었고 신체 접촉을 힘들어해서 거부했다. 우리 가족이 웃은 적이 있는지 기억나지 않는다. 노래한 적이 있는지도. 행복, 소박하고 사이좋게 함께 있기, 다 같이 가는 소풍, 만족스러운 저녁 식사, 이런 건 상상할 수 없었고, 행복이란 말을 입에 담는 것만으로도 하느님께 용서를 구해야 했다. 모든 게 금방이라도 부서질 것 같았다. 물건들은 상자와 박스에 포장된 채 길을 막고 있었고, 장롱들 앞에는 다른 장롱들이 서 있었다. 우리 집은 인형의 집을 재현한 것이었고, 인형의 집은 우리 집의 미니어처였다.

할머니는 레인지 앞에 서서 러시아식 빵 수프를 끓였다. 오래된 빵 가장자리로 만든 수프에 마른 건포

도와 쭈그러진 사과가 들어 있었다. 할머니는 페테르부르크에서 태어났고, 모어가 러시아어였고, 혁명기에 썰매를 타고 독일로 보내졌고, 이따금 트로이카를 본떠 만든 은 브로치를 찼다. 수염 난 마부, 구부러진 세 마리 작은 말에 이끌려 맹렬하게 질주하는 작디작은 썰매. 나는 그 브로치를 오래 바라보아도 되었지만 절대 만져서는 안 됐다. 할머니는 썰매를 타고 조부모가 있는 바닷가 집으로 보내졌다. 그녀는 수년간 그곳에 머물렀는데, 부모님이 그녀를 베를린으로 데려가려고 다시 나타났을 때 부모님을 알아보지 못하고 어머니 앞에서 무릎을 굽혀 절했다고 한다. 나는 할머니에 관해 그 일들을 알고 있었고, 부엌 식탁에 앉아 할머니가 수프를 젓는 모습을 지켜볼 때 할머니는 수놓은 구겨진 앞치마를 두르고 있었는데 그것은 명백히 무슨 의상처럼, 아이로니컬한 인용구처럼 보였다. 그녀는 작고 여렸으며, 수척했고, 왼팔을 늘 부자연스럽게 몸 옆으로 뻗고 있었다. 마치 몸 왼쪽 절반이 실은 다른 곳으로, 다른 방향으로, 결국 다른 장소로 가려는 듯. 그녀의 몸은 가운데에서 나뉘어 있었고, 할머니는 두 개의 절반으로 갈라져 있었다. 그녀는 두꺼운 안경을 썼고, 수프에서 나는 김에 안경알이 뿌예졌고, 그녀는 앞이 안 보이는 채 내게로 몸을 돌렸다. 내가 어떻게 할머니에 관해 그 일들을 알고 있었는지 모르겠다. 우리는 결코 그 일들에 대해 이야기를 나눈 적이 없었다. 자기 어머니를 다시 알아보지 못하는 게 어땠는지. 강철 폐라 불리던 장비 안에 누워 있는 것이, 그 장비 안에서 숨을 쉬는 것이 어땠는지, 나는 할머니가 소아마비 때문에 강철 폐 안에 누워 있었다는 걸 알고 있었는데, 그녀에게 결코 그 일에 대해 물어보지 않았다. 마니차처럼 반복되던 이야기들이 있었다. 페테르부르크, 등대지기였던 할머니의 할아버지, 툴라산産 은 식기, 할머니가 썰매를 타고 러시아의 깊은 눈 속을 지날 때 덮고 있던 고양이털로 만든 격자무늬 담요. 그리고 침묵하는 마니차들이 있었다. 훨씬 더 시끄럽게, 그야말로 굉음을 내며. 전쟁 시절, 전후 시절, 죄와 후회의 문제, 어두운 메커니즘, 암시와 심연과 공포의 패치워크. 할머니는 빵 수프를 휘저으며 마치 먼 곳에 있는 무언가를 듣는 듯, 마치 지금 막 진실을 파악하는 듯 고개를 기울였고, 그러고 나서 그녀는 나 혹은 누군가를 딱히 지칭하지 않으면서 누가 아침에 노래를 부르냐고, 저녁에 고양이가 그놈을 데려갈 거라고 말했다. 고양이. 이 단어를 말할 때의 말투, 거기에 깃든 깊고 정교한 만족감. 그녀는 말했다, 교만은. 오래. 가지. 못. 한다. 그녀는 말했다, 저녁거미는기분을상쾌하게한다.*
할머니는 아버지를 위해 빵 수프를 끓였다. 아버지는 빵 수프를 먹고 싶어 했고, 전쟁 속에서 살고 싶어 했다. 하지만 그는 평화 속에서 살았다. 칠십 년간의 기묘한, 엉망진창인 평화 속에서. 그리고 그는 숫자를 쓰지 않을 때면 백주 대낮에 커튼을 닫고 녹색 안락의자에 앉아 귀청이 찢어질 듯한 소리로 음악을 들었다. 훨씬 나중에 나는 그 음악이 모차르트의 〈돈 조반니〉라는 걸 알게 되었다. 그는 울었다. 그리고 할머니는 아버지가 우는 걸 막을 수도, 그를 달랠 수도, 그 울음을 나에게 설명해 줄 수도 없었다. 당연하게도 나는 아버지가 나 때문에 운다고 생각했다. 아버지가 우는 건 나에게 무슨 문제가 있어서라고, 내 몸이 어딘가—편찮아서라고. 울지 않을 때 혹은 박사 논문을 쓰느라 앉아 있지 않을 때 혹은 박사 논문 원고 앞에 앉아 있지 않을 때면—움직임 없는 형상, 종이쪽지

* '아침 거미는 근심 걱정을 가져오고, 저녁 거미는 기분을 상쾌하게 한다'라는 속담의 일부.

로 가득한 책상에서 두 손으로 받친 무거운 이마, 책상 주위에 널린 구겨진 쪽지들, 쪽지로 넘쳐 나는 휴지통, 그리고 그 모든 것 위로 어지럽게 퍼지는 푸른 담배 연기—그는 격노에 휩싸였다. '성질부리다'라는 단어는 우리 집에서 '차갑다' '따뜻하다' '크다' '작다' 같은 단어처럼 쓰였다. 그것은 형용사였다. 네 아버지는 성질을 잘 부리지, 나의 할머니는 내게 심상하게 말했다. 아버지의 성질은 마른하늘에 날벼락처럼 나를, 우리를 덮쳤다. 아버지는 미친 사람처럼 날뛰었다. 그는 가재도구를 부수고 물건들을 깨뜨렸다. 발기발기 찢고 산산조각 내고 마구 짓밟고 갈가리 찢었다. 그는 광란했고 입에 거품이 일었다. 발작. 발작이 끝나면 모두가 쓰러질 수밖에 없었다. 세계는 파괴되었고, 파괴된 세계는 원래 세계의 일부였고, 원래 세계는 짧은 복구 과정 후에 그냥 다시 구축되고, 다시 세워졌다. 늘 처음부터 다시. 잠시 숨 돌릴 틈. 비쳐 들어오는 빛. 할머니는 검게 변색된 우아한 툴라 산 은 스푼을 다시 가지런히 겹쳐 놓고, 파편을 쓸어 모으고, 넘어진 상자 안에 파편을 쓸어 넣고, 상자를 포개어 쌓았다. 자신의 오른쪽 손목 가장자리로 자신의 왼쪽 어깨를 건드렸다. 베레모를 쓰고, 자신의 머리 위에 떠 있는, 내 눈에는 보이지 않는 무언가를 가운뎃손가락과 엄지손가락으로 튕겨 내고, 한동안 집 밖으로 나갔다. 그녀는 당신 자식의 상태에 공동 책임이 있었고, 그 책임을 졌다. 나는 이 짜증스러운 개판에 어쩐지 함께 휩쓸려 들었고. 내가 아버지에게 어떤 존재였는지 모르겠다. 여하튼 나는 그의 자식이 아니었다. 나는 손주 자식이었다. 할머니의 손주 자식이었다. 할머니는 세 자녀를 두었는데 그중 둘째 자식이 내가 태어나기 얼마 전에 스무 살 나이로 스스로 목숨을 끊었다. 너는 초상집에 태어났단다, 할머니는 이 말을 몹시 즐겨 했고, 초상집이라는 단어를 말할 때면 고양이라는 단어를 말할 때와 똑같은 만족감이 비쳤다. 그녀는 또, 너는 우리에게 어둠 속 빛이란다, 라고도 말했는데 이 말은 나를 혼란스럽게 했다. 아무도 나를 빛처럼 여기는 태도를 보이지 않았으니까. 할머니의 손. 양피지 같고 검버섯이 난 갈색 피부, 갸름한 손가락, 가끔 그녀는 생각에 잠긴 채 구부린 손가락을 내 뺨에 댔다. 늘 차갑던, 갈고리발톱 같은 손가락. 소나무 냄새, 그을음과 뜨거운 돌, 짓이긴 뿌리 냄새가 나던 그녀의 독특한 체취. 나는 할머니를 무척 좋아했다. 그녀는 나를 소극적으로 보호했다. 그녀는 나에게 모든 걸 설명하려 하지 않고 그냥 일이 흘러가는 대로 놔두었는데 그것이 유일하게 옳은 길이라고 생각했던 게 틀림없다. 그녀는 내 곁에 있어 주려 했고 그 이상은 하지 못했다. 그녀는 한 남자와, 즉 나의 할아버지와 자녀 셋을 사생아로 낳았다. 때때로 나는 할아버지 집에 맡겨졌고, 내가 그를 무서워하고 싫어했던 게 기억난다. 하나뿐인 황폐한 방은 올리브색에 연기와 온기로 가득했는데 방 안에 당구대가 있었고, 나는 즉시 그 밑에 자리를 잡고는 그 집에 있는 내내 그곳에서 나오지 않았다. 그때 나는 늘 책을 지니고 있었고 지체 없이 책을 펼치고 귀를 막은 뒤 시간이 다 되어 누가 나를 데리러 올 때까지, 나를 할아버지에게서 구해 줄 때까지 기다렸다. 할아버지는 끊임없이 담배를 피우고 슈납스를 마셨고, 낡은 고리버들 전등이 위에 달린 낮은 탁자 앞의 정돈되지 않은 소파 침대에 앉거나 누워 있었다. 고리버들 전등에는 철사로 만든 징그러운 작은 원숭이가 달랑거렸고, 탁자 위에는 책들과 꾸깃꾸깃한 원고들과 뚜껑을 딴 정어리 통조림들이 타자기 주위에 널려 있었다. 할아버지 옆에는 눈이 가늘고 허리까지 닿는 흰 머리에 좀먹은 표범 가죽 외투를 입고 손목에는 짤랑대는 은 장신구를 잔뜩 찬 여자가 앉아 있었는데, 그녀는 해포석 파이프로 궐련을 피우면서 눈 한번 깜박이지 않고 끈질기게 나를 관찰했다. 그녀는 나의 아버지와 똑같은 음악을 들었고 비스킷과 크라운 병마개를 당구대 밑으로 던졌다. 무슨 내가 야생동물인 것처럼. 어쩌면 결국 나는 야생동물이었을지도. 할아버지가 우리를 찾아오는 일은 결코 없었다. 때로 할아버지의 막내아들이 찾아왔다. 유일하게 남은 형제인 그를 아버지가 만일 가능하다면 잃은 형제와 언제든 바꾸리라는 걸 나는 알고 있었다. 그럼에도 둘 사이의 유대가 눈에 띄었는데, 그들은 함께 있을 때면 나의 할머니, 즉 자신들의 어머니를 우스꽝스럽게 흉내 내고 기괴하게 따라 했기 때문이다. 양쪽이 나뉜 걸음걸이, 말투, 미신과 손가락 튕기기, 시 몇 줄을 혼자 웅얼거리다가 마치 허공에서 시가 계속되는 듯 허공을 향해 귀를 기울이는 버릇. 근시, 뭐만 있어도 화들짝 놀라며 성내는 모습, 둘로 나뉜 상태. 자신들의 어머니를 따라할 때 그들이 짓던 표정에는 완전한 절망이 담겨 있었고, 그것은 어린아이의 눈에조차 명명백백했다. 나는 내게 남은 삼촌을 좋아했다. 나는 내가 돌아가신 삼촌을 더 좋아했을 것이라 확신했지만,

다른 삼촌 역시 좋아했다. 삼촌은 나보다 겨우 열다섯 살이 많았고 이십 대 중반에 벌써 인상적인 술꾼에다 직업도 없고 고정된 거주지도 없었다. 그는 귀덮개가 달린 모자를 쓰고 양털 안감을 댄 찢어진 가죽 재킷을 입었고, 멋진 당당함을 발산했다. 할머니는 아들들에게 저항하지 않았다. 우스꽝스럽게 흉내 내는 광경을 지켜보는 게 나로서는 괴로웠지만, 나는 그것이 중요한 일이며 내게 뭘 알려 줄 거라는 느낌을 받았다. 아버지의 약점을. 내가 빠져나갈 구멍을. 아버지는 자기 형제와 있을 때 내게서 관심을 거두었고, 나는 그걸 알아차렸다. 평소 아버지는 양가적인 태도로 끈덕지게 내게 주의를 집중했는데, 여기에 아주 미세하긴 하지만 그럼에도 틈이 생기는 걸 나는 느꼈다. 틈이 있었다. 삼촌은 늦은 시각에 우리 집을 떠났고, 그가 다녀가고 난 밤이면 아버지는 잠이 든 채 걸어 다니며 열린 현관문에 서서 가만히 귀를 기울이다 어머니에게 이끌려 침대로 돌아갔지만 아침이면 흠집 난 그랜드 피아노—아버지 것이었다—아래에서 얼굴을 베개로 누른 채 누워 있다가 일어나서 난로에 불을 피웠다.

그가 무슨 꿈을 꿨을까.

나는 그에게 물어보지 않았다.

모든 게 있었다. 따로 말하지는 않았어도. 아무튼 나는 집에서 가족들이 말을 했는지 기억나지 않는다. 책을 읽었다. 계산을 했다. 종이를 찢었다. 누가 피아노를 쳤다. 할머니는 육두구를 까고 선인장을 갈고 쑥과 샐비어를 태웠다. 그녀는 러시아어 단어를 속삭이고 나폴레옹 페이션스 게임을 했는데 카드를 다 맞추면 나무를 두드렸고 카드를 맞추지 못하면 카드 테이블을 열심히 재로 문질렀다. 아버지는 커튼을 닫고 운 다음 그릇을 깨부쉈다. 끔찍했다. 어머니는 이해할 수 없을 만큼 늦게 집에 왔고, 가끔 나는 어머니가 그저 내 상상 속 존재인 듯한 인상을 받았다. 어떤 어머니가 나오는 책을 읽은 것처럼. 골방들의 문은 닫혀 있었고 문을 여는 건 금지되어 있었다. 아버지는 우리 집에 전차인이 있고 그가 왜소증자이며 암실 위의 가천장에 거주한다고 주장했고, 가천장으로 통하는 문은 가끔 빼꼼 열려 있었는데, 끈에 달린 코르크 마개가 아래로 늘어지고 마루 위에는 월계수 잎과 색종이 조각이 어지럽게 널려 있었다. 가천장에 사는 자는 그 문틈과 내 방 문에 달린 타원형 유리창을 통해 내 침대까지 들여다볼 수 있었다. 나를 겁주는 건 아버지의 관심사 중 하나였다.

내가 네 살일 때 할머니는 당신이 어린 시절을 보낸 바닷가 집에 나를 데려갔다. 할머니의 숙모가 죽었고, 할머니는 하루아침에 집과 토지를 상속받았고, 그 집의 이름은 우리 집이었는데, 나는 왜 그런 이름이 붙었느냐고 물었지만 답을 듣지 못했다. 일 층에는 추방당한 사람들이 살았고 이 표현을 나는 말 그대로 받아들여야 했다. 그들은 루마니아 출신의 4인 가족으로 정원과 재래식 화장실을 우리와 함께 썼다. 할머니는 나와 위층을 썼다. 그곳에 방 두 개가 있었고 그 사이에는 죽은 나방으로 가득하고 거미줄로 막힌, 창문 없고 습한 복도가 있었다. 할머니는 전기 포트와 봉지에 든 토마토 수프와 복숭아 통조림을 샀고, 우리는 그 복도에 앉아 에나멜 컵으로 토마토 수프를 마시고 통조림에 든 복숭아를 떠먹고 찻주전자 보온기에 손을 데웠다.

  우리는 어쩔 수 없어서 그렇게 했다.

  혹은 할머니가 생각하는 도착이란 그냥 그런 거였고, 그녀는 나를 위한 세계를 연출한 것이다.

  상자와 박스, 이 집에도 상자와 박스가 있었다.

곰팡이 얼룩이 진 백 년 된 빨랫감이 쌓인 궤짝, 그 활짝 열린 뚜껑 속에 할머니는 눅눅한 시트로 내 첫 잠자리를 마련해 주었고, 나중에는 알코브*를 치워 주어 나는 열 살 때까지 그곳에서 잤다. 할머니는 사생아를 낳아서 집안에서 쫓겨났고 사십 년 동안 이 집에 발을 들여서는 안 되었다. 손주를 데리고, 슬프고도 아름다운, 무거운 지난 삶을 뒤로하고 갑자기 이곳에 돌아오다니, 특이한 일이었음에 틀림없다. 만일 내가 나의 할머니가 된다면, 바닷가로 귀환한 그 첫 몇 해 동안의 그녀가 되고 싶다. 할머니는 예순 살이었고, 숱한 일을 지나고 극복했다. 그녀는 가을과 겨울에도 항구에 해수욕을 하러 갔고 나는 그녀가 해수욕하러 가는 모습을 지켜봐도 되었다. 평소에는 절대 보지 못하던 그녀의 알몸을 보았고, 그녀는 부끄러워하면서도 부끄럼 속에서 위풍당당했다. 밤이면 추방당한 사람들이 부엌에서 노래를 부르고 한탄하고 벽에 유리컵을 던졌고, 나는 무거운 오리털 이불 밑에 누워 가만히 귀를 기울였고, 할머니는 자기 침대에 앉아 셰리를 마시고 집게 전등의 침침한 황갈색

* 벽면 한 곳이 쑥 들어가게 만든 부분.

빛 속에서 폰타네를 읽었고, 이렇게 말했다, 이제 잠좀 자라. 자거라. 가끔 우리는 마을 광장의 공중 전화 박스에 가서 부모님에게 전화했다. 회색 전화기의 다이얼이 제자리로 돌아오던 모습이, 내 손안에서 짤랑거리던 동전들이, 내 귀에 댄 수화기의 무게가 기억난다. 통화는 기억나지 않는다. 도시로 돌아오는 길, 650킬로미터, 당시에도 긴 여정이었는데, 그때 나는 울었고 도착할 때까지 점점 울음에 빠져들었다. 나는 마치 연극하듯 과장이 심한 아이였다. 할머니는 모든 울음에 대해서처럼 그 울음에 대해서도 아무 말 하지 않았다. 딱 한 문장을 제외하면. 꼭 다시 올 수 있어.

그녀는 말했다, 꼭 다시 올 수 있어. 이 위로의 말을 당시에 나는 이해하지 못했다. 하지만 쉰두 살이 된 오늘날 나는 그 말을 이해한다.
    어떤 것들은 당신에게 닿기까지 얼마나 긴 시간을 필요로 하는가.

도시, 그것은 구불구불하고 물건으로 막히고 정신 나간 집이었다. 물속 같은 빛, 시든 극락조화와 백합으로 가득한 방, 축축한 리놀륨과 식초와 석탄 냄새가 나는 계단실, 문 앞에는 무거운 펠트 커튼, 창을 통해 복도를 비추는 신비로운 적동색 빛, 그리고 나는 펠트 커튼 뒤에 앉아 어머니가 집에 오길 악착같이 기다렸다. 도시는 아버지가 인형의 집에 이어 나를 위해 만들어 준 인형 극장이었다. 크고 육중하며, 녹색으로 칠한 나무로 이루어졌고, 빨간 합각머리 위에는 이빨을 드러낸 수고양이가 바이올린을 연주하고 있었다. 아버지는 화려한 배경을 그리고 인형들을 손수 만들었다. 아버지는 어머니와 극장 뒤로 사라졌고, 그들은 〈요린데와 요링겔〉〈라푼첼〉〈푸른 수염〉을 상연했는데 무엇보다 거듭 보여 준 건 〈푸른 수염〉이었다. 참수된 여자들이 있는 배경이 인상적이었다. 천장에서 고기 갈고리에 매달려 흔들거리는 머리 없는 토르소들. 하지만 마녀들도 인상적이긴 마찬가지였다. 마녀들의 붉게 타 버린 지점토 머리, 매부리코, 그들의 부스스한 검은 머리카락과 섬뜩할 만큼 하늘색인 눈. 나는 극장 뒤에서 나오라고 어머니에게 애원했다. 아버지의 지시에 따라 어머니는 자신이 극장 뒤에 있지 않다고, 그러니 나올 수도 없다고 주장했다. 달리 방법이 없어 나는 스스로 눈을 감을 수밖에 없었다. 이것이 도시였다—주먹 쥔 손을 관자놀이에 대고 음악과 함께 안락의자에 앉아 있는 아버지. 나는 할아버지도 똑같은 자세를 하고 있는 걸 발견했는데, 할아버지의 자세가 조롱하는 느낌이었다면 아버지의 자세는 경악스러웠다. 나는 할아버지가 아무리 정신이 딴 데 가 있어도 그곳에 존재한다는 걸, 그가 가족을 지배하며 가족에게 근심을 초래하는 원인 중 하나라는 걸 알고 있었다. 할아버지가 죽었을 때 나는 일곱 살이었고 그의 죽음에 전혀 슬프지 않았다.

아버지는 할아버지의 안치식에 가면서 나를 데려갔다. 나는 우리가 어디에 가는지 몰랐다. 아버지는 나로 하여금 추운 성당의 단 위에 있는 죽은 할아버지의 모습을 아무런 준비 없이 맞닥뜨리게 하기로 마음먹은 것이다. 아버지의 손을 보니 긁힌 상처가 여럿 눈에 띄어서 내가 왜 그런지 묻자 그는 내가 성탄절 선물로 받은 고양이 때문이라고 했다. 검은 털과 비취색 고양이 눈을 가진 헝겊 인형, 나는 그 인형을 성탄절 이후로 끊임없이 이리저리 데리고 다녔었다. 어떻게 그 고양이가 아버지를 할퀴었다는 건지 내가 이해하지 못하자, 아버지는 털이 진짜라서 고양이의 전부가 진짜거나 적어도 한때는 진짜였다고 말했다. 한

때 살아 있던 모든 존재처럼 이 고양이도 죽은 후에, 부들부들한 봉제 인형으로 탈바꿈한 후에 특정한 반사 신경을 지니고 있으며 이 반사 신경 때문에, 머리 없이 마당을 달리는 닭과 마찬가지로 고양이가 할퀴고 방어 태세를 갖춘다고 했다. 아버지는 이 말을 철회하지 않았다. 미안해, 당연히 헛소리지, 하고 말하지 않았다. 그는 내게 한 말을 그대로 두었고, 그때 할아버지의 안치식에 가던 길을 오늘날 떠올리면 나는 아버지가 우리에게 임박한 경악을 무언가로 부수려 했다고, 그래도 나를 준비시키려 했다고, 바로 그 삐딱하고 정신 나간 방식으로, 그렇게 결국 거의 모든 일에 대해 나를 준비시켰다고 생각할 수 있으리라. 그는 자신과 자기 아버지에 대한 이야기를 해 줄 수도 있었을 것이다. 하지만 그러지 않았다, 혹은 간접적으로 그랬다. 물론 아이인 나는 그걸 이해하지 못했고. 그는 실제로 일어난 일을 정확히 비껴가는, 정밀하고 정확하게 빗나가는 이야기를 지어냈다. 흉한 이야기를. 그럼에도, 혹은 바로 그렇기에, 아버지가 의도한 것은 나와 관계가 있다기보다는 오히려 그와 그의 죽은 아버지와 관계가 있었다. 그리고 내가 어떤 이야기를 쓰기 시작하는 순간을 생각하면, 나는 예의 자기중심적인 의도를 내 안에서 얼마간 다시 발견한다. 거의 완전한 홀로 있음.

하지만 당시에 나는 물론 그 생각을 하지 않았다. 나는 관대에 안치된, 마침내 죽은 할아버지 앞에 서서 아버지의 손에 난 긁힌 상처를 보았고, 검은색과 흰색이 섞인 그 고양이를 두 번 다시 건드리지 않았다. 고양이는 부패해 버렸다. 할아버지의 시취가 고양이에게로 옮겨 갔다.

나의 어머니. 그런 길들은 어머니의 담당이 아니었다. 그녀가 무엇을 담당했는지를 말하기는 어렵다. 그녀는 가족을 위해 돈을 벌었다. 그것이 그녀가 담당한 일이었고, 아버지는 그 돈을 담배와 책과 흠집 난 가구에 썼다. 그는 존넨알레의 고물 장수에게 산 가구로 방들에 바리케이드를 쳤다. 아침에 내가 일어나면 어머니는 집을 나선 지 오래였고 저녁이 되어서야 돌아왔다. 우리를 위해 산 물건들을 들고, 항상 꽃을 들고서. 그녀는 열여섯 살 때부터 일하던 꽃가게에서 거의 시든 장미와 달리아와 푸크시아를 가져왔다. 어머니는 대단한 미인이었다. 그녀는 이 아름다움을 꽃

가게로 가져갔다가 다시 집으로 가져왔다. 아버지는 자주 롤라이플렉스로 어머니의 사진을 찍었다. 내 생각에 아버지는 심연을 보듯, 늘 인물을 피하면서 그 2안 미러 리플렉스 카메라를 들여다보았고 그럼에도 카메라 앞의 인물을 찍었다. 그럼 어머니는 포즈를 취했고, 오늘날 내가 보기에 그 포즈들은 그녀의 본모습과 반대되지만 누가 알까, 나는 어머니를 단지 나의 어머니로 알 뿐이다. 집에서 골방 중 한 곳에 암실이 설치되어 있었고, 아버지의 상태가 괜찮을 때면 우리는 함께 사진을 현상했다. 나는 좁은 공간에서 사진 현상용 램프의 붉은 빛을 받으며 아버지 옆에 서서 플라스틱 수조의 현상액으로부터 인화지 위에 늘 흑백으로 어머니의 얼굴이 나타나는 것을 지켜보았다. 도전적이면서 신비롭고, 경이로울 만큼 아름다운, 완전히 낯선 얼굴. 아버지는 단편 영화 시나리오를 구상하고 슈퍼 8 카메라로 여러 편을 찍었는데 영화 속에서 어머니는 꽃잎을 삼키고 포개진 쥐며느리들이 버둥대는 수프 그릇의 뚜껑을 들어 올려야만 했다. 그녀는 바닷가 집에서 마치 관에 눕듯 궤짝 속에 누우라는 지시를 받았고, 그렇게 했다.

그녀는 그렇게 했다.

하지만 짐작건대 생각은 다른 곳에 가 있었으리라.

어머니는 절대 집 안에서 담배를 피우지 않고 발코니에서만 피웠고, 우리 모두에게 등을 돌린 채 홀로 무아지경에 빠져 담배를 피웠기에 절대 아무도 그녀에게 다가가지 않았다. 그녀는 분홍색과 노란색의 풍성한 글라디올러스로 계단실을 장식하고, 반짝거리는 토끼털 재킷을 입고, 입술에 화장을 했고, 내가 아버지와 함께 할아버지의 안치식에 간다든지 하는 그런 날에 우리가 집에 돌아오면 그녀는 턴테이블로 존 바에즈의 음반을 들으며 누워 있었다. 어머니는 말 그대로 태평할 수 있었다. 그녀는 도노반을 들었다. 캣 스티븐스를. 밥 딜런을. 혼자 있을 때면 그랬다. 누구나 아마 그렇겠지만 그녀에게는 자기 나름의 삶이, 은밀하며 모든 것에도 불구하고 때로 행복한 삶이 있었고, 어쩌면 그녀는 나에게 바로 그 사실을 알려 주는 일을 담당했을지도 모른다. 그녀의 어머니는 내 부모님의 결혼식을 막으려 애썼지만 소용이 없었다. 그분은 아버지의 어머니를 찾아가 아들의 이 악몽이 그녀 딸의 인생을 망치는 걸 막아 달라고 부탁했고, 그 부탁은 받아들여지지 않았다. 어머니는 자신이 처한 환경에서 벗어나려는 생각에 사로잡혀 있었음이 틀림없다. 그녀가 처한 환경은 아버지가 처한 환경과 반대였고, 어쩌면 어머니는 차이점만 의식했지 심연은 의식하지 못했을지 모른다. 혹은 심연을 의식했고 심연을 감당할 수 있다고 자신했다. 그것은 옳았다.

나의 외할머니는 몸이 육중하고 숨이 가쁘고 통풍에 시달렸다. 그녀는 집을 나오는 일이 드물었고, 발코니에 앉아 난간과 라벤더 너머로 세상을 관찰했다. 그녀는 룩스 담배를 피우면서 캔맥주와 슈납스를 마셨고, 베딩 출신이었고, 옛날에 '서부 백화점'의 꽃 판매원이었다. 그녀는 책을 읽지 않았다. 그녀는 《빌트》를 읽었다. 그녀는 대단히 요리를 잘했다. 그녀는 노래를 불렀다. 그녀는 삶을 향해 웃으면 삶이 웃음으로 화답한다고 말했다. 만약 네가 삶을 향해 웃으면 말이지. 오직 이 만약만이 이런저런 어려움을 암시하는 듯했다. 그녀는 애매모호할 때가 드물었고, 나의 다른 할머니의 까탈스러운 러시아식 미신을 이해하지 못했다. 그녀는 사랑이 많았고 직접적인 방식으로 애정을 표했으며, 포옹과 입맞춤을 받고 싶어 했고, 격하게 나를 포옹하고 내게 입맞춤을 하고 싶어 했다. 어린 시절 반복해서 꾸던 꿈 가운데 하나에서 나는 외할머니와 함께 그녀 집 층계를 올라갔는데 그것은 아주 번거롭고 지루한 일이었다. 그녀는 몸이 둔하고 통증을 호소했고 겨우겨우 세 계단을 오르고 나면 휴식을 취해야 했다. 당시에는 그 집뿐만 아니라 많은 집에 층계참마다 의자가 있었다. 꿈속에서 나는 우리가 조금만 더 가면 그녀의 집에 다다르고 안전해진다는 걸 알고 있었다. 분명 어딘가 먼 방에서 우리를 위한 시계가 울리다가 그치리라는 걸, 시계 소리가 그치는 동시에 이 계단실이 산산이 흩어지리라는 걸 알고 있었다. 벽이 빛을 발할 것이고, 색깔과 밀도가 변하고 흐르고 녹아내릴 것이고, 우리는 그 속으로 사라지리라. 그리고 매번 꿈속에서 외할머니는 바로 그 사실을 몰랐다. 그녀는 계단을 오르는 일에, 자신의 걸음과 막간의 휴식에 완전히 몰입해 있었다. 그녀는 숫제 서두를 수 없었을 것이고, 더 빨리 갈 수 없었을 것이다. 항상 그 시계가 울렸다―멀리서, 둥근 빛의 가장자리에서, 변함없이. 그쳤다. 벽이 빛을 발하고 바닥이 요동치기 시작했다. 나의 심장이 쿵쾅거렸고, 그러다 나는 깨어났다. 외할머니는 아버지의 어머니와는 다른 식으로 혼자였다. 건강하고 튼튼한 세 자녀를 두었고, 삶이 끝날 때 일곱 명의 손주가 있었지만, 그녀는 혼자였다. 그녀는 혼자 죽었다. 학교에 다닐 때 나는 학교가 파하면 그녀의 집에 가서 점심을 먹어도 되었다. 내가 집에 돌아가야만 할 때까지 그곳은 피난처였다. 일부러 내가 싫어하는 음식을 만들던 아버지와 달리 그녀는 내가 좋아하는 음식을 만들어 주었다. 그녀는 말했다, 다 먹지 않아도 괜찮다. 그녀는 레인지 옆 긴 의자에 앉아 통풍을 앓는 손을 무릎 위에 모은 채 내가 먹는 모습을 지켜보았다.

껍질째 삶은 감자.
    흰치즈.
    노란 기름.
    외할머니는 내가 먹는 모습을 지켜보기를 좋아했다.

그녀는 나에게 꼬치꼬치 캐묻지 않았다. 그녀는 나의 아버지를 염려했지만 나에게 아버지에 관해 사실대로 말해 보라고 한 적이 한 번도 없었고 나름대로 결론을 이끌어 냈다. 1979년에 〈홀로코스트〉* 시리즈가 독일 텔레비전에서 방영될 때 나는 아버지와 함께 외할머니 집으로 건너갔다. 우리 집에는 텔레비전이 없었다. 외할머니 집에는 있었다. 그 시리즈를 꼭 봐야 한다는 의무감이 두 사람 사이의 경멸보다 더 강했음이 틀림없고, 모종의 합의가 있었던 게 분명하다. 우리는 셋이서 소파에 앉았고 내가 가운데에 앉았다. 아버지는 울었고, 그의 몸이 흐느낌으로 흔들렸다. 내게는 우는 아버지가 울지 않는 아버지보다 훨씬 익숙했다. 외할머니는 내 오른쪽에 앉아서 캔맥주를 따고 담배를 피우고 흘끗 내 머리 너머로 아버지를 관찰했고, 나름대로 생각에 잠겨 있었다. 나는 그녀에게 몸을 기댔다. 그녀는 오십 년대에 아이들의 아버지와 이혼했는데 그가 토텐코프SS**에 있었다는 걸 오늘날 나는 안다. 그는 나의 어머니가 열여덟 살 때 죽었다. 그녀가 임종을 맞는 아버지의 왼쪽 위팔 안쪽에

---

* 미국에서 제작되어 1978년 방영된 텔레비전 미니시리즈. 독일에서는 1979년에 방송되어 큰 호응을 얻었고 나치 시대 과거사에 대한 논쟁을 불러일으켰다.
** 2차 세계 대전 때 활동한 나치친위대 사단 중 하나로 수많은 전쟁 범죄를 저질렀다.

서 문신을 발견했을 때, 그가 그 부대의 일원이었다는 사실이 명백히 드러났다. 가끔 나는 외할머니 집 거실에서 보낸 그 저녁들을 회상한다. 세 세대, 두 번의 전쟁, 그리고 완전한 침묵, 드라마가 끝나면 우리는 곧장 집에 갔다. 엔딩 크레딧이 나오는 동안 우리는 떠났고, 텔레비전 앞에 남아 나름의 생각과 기억과 드라마 속 이미지들에 내맡겨진 외할머니를 떠올리면 나의 마음은 슬픔과 당혹감으로 가득 찬다. 그리고 더 나아가 경악으로.

어쩌면 어린 시절의 밑바탕─시간이 흐르며 당신이 점차 이해하고 풀어 가는 수수께끼. 예선로曳船路 같은 암시들, 비밀들. 어른들의 신비로운 세계, 그들의 이해할 수 없는 행동, 예측할 수 없는 기분. 제한된 동시에 제한이 없는 자기만의 세계, 어스름의 흐릿한 첫 회색빛처럼 나타나는 구조들, 점차 패턴을, 의존 관계를 파악하는 것. 모든 세계는 다의적이다. 거리 끄트머리의 어느 지하 공간, 반지하라는 단어, 그곳에 석탄 배달부, 그는 은흑색 조개탄 무더기 뒤에 벌거벗고 앉아 있었는데, 발기한 음경은 탄진으로 검고, 귀두는 산호처럼 붉게 빛났다. 뒷마당의 음향. 늙은 여자들이 김이 나는 솥에 빨래를 하던 다락방의 온기. 사슬에 묶인 꼬마 원숭이를 데리고 있는 손풍금 악사. 나누어진 베를린, 운하와 전망 탑을 향해 가는 일요일 산책. 어느 전망 탑에서 나는 할머니와 함께 저쪽 도시를 건너다보았는데 저쪽 도시는 안개가 끼고 황량하고 길에 사람이 없고 집들의 창문은 못질해 막았다. 꿈에서 나온 이미지들, 겨울의 그을린 연기맛. 지하철은 이 버려진 도시 밑에서 신성하지 않은 갈색 빛이 희미하게 반짝이는 유령 역들을 통과했다. 잔해로 가득한 승강장, 폭발로 산산조각이 난 기둥에 기댄 채 움직이지 않는 기관총 든 군인들. 지하철은 어찌나 느리게 가는지 거의 멈춘 것 같았다. 우리는 정지된 고요를 뚫고 슬로 모션으로 굴러갔다. 우리는 이 지하철을 타고 첼렌도르프로 간 뒤 숲으로 들어갔고 숲으로 가는 길에 아버지가 성장하고 우울해진 집을 구경했다. 앞서 할머니가 정신병원에 들어갔을 때 아버지는 형제들과 함께 이 집을 팔았다. 이제는 낯선 이들이 사는 집, 그리고 아버지가 말하길—그는 아무에게도 이것을 말하지 않았다, 그는 혼잣말을 했다—나중에 죽은 형제와 자신이 가구를 밖으로 꺼내 쓰레기 하치장으로 가져갔다고, 적재함이 열린 트럭

이 집 앞에 섰고 그들이 물건을 하나하나 그 위로 던졌다고 했다. 포장하지 않은 채로. 옷걸이에 걸린 그들 어머니의 옷가지, 그릇, 책, 그림을. 나는 그의 말을 믿었다. 하지만 다른 한편으로는 우리 집 전체가 책, 그릇, 그림, 거울, 은식기, 예의 그랜드 피아노, 녹색 소파로 가득 차 있었는데 그럼 이 모든 게 어디서 났을까.

확실한 것은 없었다.

아버지는 나를 위해 첼렌도르프의 숲에서 눈 속에 인형의 집 가족을 위한 오두막을 만들어 주었다. 인형의 집 가족이 소풍 때 쓰기 위한, 작은 막대기와 나뭇가지로 만든 이 매혹적인 피신처에는 이끼로 된 작은 침대가 있었고, 벽은 눈바람이 들지 않게 양치식물로 막았다. 자갈로 만든 오솔길. 외양간과 우물. 그러고 나서 아버지는 나를 홀로 두었고, 나는 스스로 소풍 놀이를 해야 했다. 나는 혼자 소풍을 갔다. 빨간색 원피스를 입고 갈색 장화를 신고 소관목 속 피신처에서 이끼 침상 위에 있는 나무 소녀 아나.

은신처에 있는.

빨치산 소녀.

이 모든 걸 나는 기억하고, 동시에 기억하지 못한다. 사건들의 세세한 순서를, 그러고 나서 내가 무얼 했고, 내가 어찌했고, 내가 어떻게 됐는지, 이 모든 걸 하나도 기억하지 못한다. 암흑의 구간들, 무음, 마치 스냅숏 같은 느닷없는 한순간, 말을 못 하는 어떤 상태, 귀가 들리지 않는 어떤 상태로 돌아가기.

내가 일곱 살 때 형제들이 태어났다. 남동생과 여동생 쌍둥이였다. 나는 큰 베를린식 방을 계속 써도 되었지만, 나는 그곳을 나와 인형 극장 뒤로 갔다. 나는 극장을 점거했고, 책에서 읽은 것처럼 나를 위한 은신처를 만들었다. 좁은 침대, 양초와 물과 사과와 마른 빵을 놓을 작은 탁자, 침대 밑에는 보물과 먼지 모음. 라인석, 빵칼, 금지된 책들. 배경은 사라졌고, 마녀들도 사라졌다. 쌍둥이는 공상에 빠져 있었고, 그림을 많이 그렸고, 잠을 많이 잤으며, 늘 뒤통수에서 묶여 있는 고운 머리카락, 그것은 보드랍고 실로 짠 듯한 둥지였다. 밤에 그들은 단추를 비뚤게 채운 작은 잠옷을 입고 복도에 서서 소리를 지르며 어머니를 불렀다. 그들은 우리 눈 속에 바늘이 있어요, 하고 소리를 질렀다. 우리 눈 속에는 바늘이 꽂혀 있어요.

어떤 수를 써도 말릴 수 없었고, 그들은 자꾸만 소리를 질렀다.

나는 말하고 싶다―여기까지. 시학 강의를 맡아 달라는 이런 영광스러운 요청은 심문이 아니다. 비록 나는 어떤 면에서는 이걸 심문으로 느끼지만 말이다. 내가 나 자신을 심문하는 것으로. 나의 글쓰기는 이 유년기와 관련이 있다. 당시의 인상들, 느낌들, 생각들, 예감들. 내 가족의 상황과 관련이 있다. 나는 그 구조를 설명하지 않을 것이다. 스물다섯 살 때 나는 베를린 문학 콜로키움에서 아홉 명의 다른 장학생과 긴 탁자에 앉아서 내가 맨 처음 쓴 이야기인 단편 〈붉은 산호〉를 낭독했다. 나는 그 이야기를 베벨스플레트에서 썼다. 귄터 그라스의 집에서, 작가들을 위한 체류 장학금 기간 동안, 춥고 눈이 많던 1월에, 내가 알던 것에서 멀리 떨어져, 집에서 멀리 떨어져 썼다. 조상들의 엉킨 삶의 실을 풀려고 하는, 몽유병자 같은 일인칭 여성 서술자는 애인과 헤어지고 심리 치료를 받기 시작하다가 그것을 다시 물리친다. 이것이 내가 하고 싶은 이야기인가―이 문장이 반복구인데,

나는 이 문장을 정말로 심사숙고하지 않고 적었다. 하지만 나는 이 문장을 느꼈고, 내 생각에 이 문장은 내가 쓰는 모든 글에 적용된다. 이십오 년도 더 지난 오늘날, 나는 이것이 내가 하고 싶은 이야기인가라는 물음이 실제로 중요한 물음이라는 걸 인식할 수 있다. 이 물음은 지금의 나를 만든 것을 건드리며, 그것이 내가 글로 적은 첫 물음이라는 사실은 개인적 영역을 떠나 내게 깊은 인상을 준다. 베를린 문학 콜로키움에서 다른 장학생들은 자전적인 요소들에 대해 이야기를 듣고 싶어 했다. 실제로 러시아인 할머니가, 산호 팔찌가 있었나요. 나는 열심히 무슨 대답을 시작했는데, 그때 카티아 랑에뮐러가 내 말을 끊고 거의 입 앞에 손을 댔다.

그녀는 말했다, 이봐요. 보나 마나 비밀로 할 거잖아요.

그리고 나는 그걸 비밀로 했다. 나는 그걸 오늘날까지 그리고 지금도 대체로 비밀로 한다. 나만의 비밀로.

《모든 사랑의 시작》에 대한 한 서평에서 말하길 내게는 두 가지 문제가 있다고, 나는 글을 쓸 줄 모르며 이야기할 게 하나도 없다고 했다. 앞의 것은 제쳐두고, 두 번째 논평에는 묘한 진실이 담겨 있다. 나는 이야기할 게 하나도 없다. 왜냐하면 내가 실은 이야기해야 하는 것을 이야기할 수 없기 때문이다. 나는 〈붉은 산호〉 이야기에 나오는 예의 물음에 이렇게 답할 수 있다. 아니다. 어떤 이야기도 내가 하고 싶었거나 해야만 했을 이야기는 아니다. 하지만 나는 내가 본래의 것을 이야기할 수 없음을 이야기할 수 있고, 본래의 것을 숨기는 일이 모든 텍스트를 관통한다. 그리고 그것은 가족을 벗어나 외부를 향한 지 이미 오래고, 정신분석학적 의미에서 전이되었다.

당신에게 일어나는 일 가운데 가족만이 엄청난 것은 아니다. 결국에는 모든 게 엄청나다. 본래의 것, 즉 물질의 핵심은 그 자체로 이야기할 수 없으며, 중심은 들어갈 수 없는 곳이다. 《모든 사랑의 시작》에 대한 비판에서 말하는 이야기하기란, 추측건대 무언가를 지어내는 일을 뜻하리라. 하지만 무언가를 지어낸다는 건 나에게 현실에서 벗어나 다른 현실로 들어가려는 게 아니다. 바로 그것이 내가 원하지 않는 것이다. 나는 하나뿐인 불가해한 현실로 들어가고자 하고, 내가 현실을 이해할 수 없음을 쓰고자 하고, 현실이 대체로 이해할 수 없기도 하다고 주장하고자 한다.

내 아이가 어렸을 때 우리는 자주 함께 인형 극장에 갔다. 내 어린 시절의 인형 극장과 프렌츠라우어베르크의 그 인형 극장 사이의 일치가 정말 오늘날에야 실제로 내 관심을 끌고, 두 상황 사이의 차이를 오늘날에야 나는 의식한다. 아이와 나는 둥커 거리에 있는 인형 극장에 갔다. 극장은 일 층에 있는 방 하나짜리 집이었다. 이전에 부엌이던 곳에 옷 보관소와 계산대, 설탕 가루를 뿌린 와플, 겨울에는 어른들을 위한 글뤼바인과 아이들을 위한 로즈힙 차, 그 집에는 타일 난로가 있었는데, 집 안은 곰팡내가 났고 결코 제대로 따듯해지지 않았다. 관객석은 스무 석으로, 오후 공연 때면 우리가 유일한 손님일 때가 많았고 가끔 다섯 명이나 일곱 명이 있었다. 프로그램은 바뀌었고 인형 조종사들도 바뀌었는데 전부 동부에서, 비스마르와 에르푸르트의 큰 국립 인형 극장에서 온 게 분명했다. 그들은 〈홀레 부인〉〈헨젤과 그레텔〉〈빨간 모자〉 같은 훌륭한 동화를 공연했다. 그리고 러시아식 억양으로 늑대와 아기 돼지 삼 형제를 연기하는 인형 조종사가 한 명 있었다. 아이는 열성적으로 인형극을 보러 다녔고 시도 때도 없이 인형 극장에 가고 싶어 했다. 거기 있느냐고 물으면 아이가 으으으으응!! 하고 대답했다. 아이는 극에 몰입했다. 웃긴 장면에서는 정신 나간 듯이 웃고, 상황이 심각해지면 불안해하고, 겁을 먹으면 내 무릎 위로 올라오고, 마녀가 화덕 안에 들어가면 자신의 작은 의자로 도로 미끄러져 내려갔다. 아이는 모든 동화에 똑같이 강렬하게 몰입했지만 가장 좋아한 건 늑대와 아기 돼지 삼 형제 이야기였다. 이야기 때문에, 인형 조종사의 목소리 때문에 그랬다. 어쩌면 인형 조종사가 보였기 때문일 수도 있다. 다른 인형 조종사들은 나의 어린이방에 있던 것과 똑같이 나무로 된 극장 뒤에서 행동했다. 그들은 숨어서 연기했고, 손이 인형 속에 감춰져 있었고, 몸은 보이지 않았다. 그 러시아인 인형 조종사는 탁자 뒤에 서 있었다. 그는 검은 펠트 천 위에 자신의 무대를 세워 두었다. 집 나무 울타리 세상, 그는 검은 터틀넥 스웨터, 검은 바지를 입었고, 밤처럼 검은 벽 앞에 서 있었고, 그의 인형들은 마리오네트였고, 그의 손은 춤추듯 무대 위를 떠다녔고, 그의 얼굴은 하앴다. 이야기를 들려주던 사람, 하지만 그는 이야기를 들려주기만 한 게 아니었다. 그는 늑대와 아기 돼지들에게 이야기를 넘겨주고 자신은 이 야기 뒤로 물러나는 동시에 이야기와 세상 사이에 서 있었다.

아이와 내가 불 꺼진 방의 둘째 줄에서 타일 난로의 희미한 온기를 받으며 앉아 있는 동안 나는 무엇을 생각했던가, 대개 겨울이었고, 우리가 밖에 나오면 벌써 저녁이고 낮은 끝났고, 우리는 헬름홀츠 광장의 슈퍼마켓에 가서 피자와 초콜릿 푸딩을 산 다음 집으로 갔다. 우리는 짚으로 만든 작은 집, 나무로 된 작은 집을 늑대가 허물어 버리는 것을 지켜보았고, 나는 푸른 수염의 방을, 부스스한 검은 머리와 하늘색 눈을 지닌 끔찍한 마녀를, 내 인형의 집을 그리고 아버지를 생각하지 않았다.

   오늘날 나는 그 모든 걸 생각한다.

   당시에 나는 무릎 위에 아이를 안고 현재라는 고치로 감싸인 채 보호를 받고 안전한 상태였다. 그 보호가 돌이켜보면 더 이상 유효하지 않다는 게 이상하다.

내가 열여섯 살이 되었을 때 아버지는 가족에게 등을 돌렸다. 그는 탈진해 버렸고, 무언가가 마무리되고 바꿀 수 없게 되었다. 그는 우리를 관찰하는 걸, 나를 관찰하는 걸 관두었다. 나는 공기가 되었다.

나는 숨을 돌렸다.

1990년 여름에 두 할머니가 난데없이 차례로 죽었고, 아버지는 노이퀼른 병원의 폐쇄 병동에 들어가 그곳에서 오 년을 머무른 뒤에 개방 병동으로 옮겼고 내 아이가 태어난 해인 2000년에 집으로, 그럭저럭 정상적인 삶으로 돌아왔다. 나는《레티파크》에서 나의 아버지에 관해 아주 짧은 이야기를 하나 썼고, 거기에서 내 생각에는 문자 그대로 모든 게 말해졌다. 그 이야기의 제목은 〈시〉로, 일인칭 여성 서술자가 아버지를 찾아가 자두 케이크 한 조각을 나눠먹고, 그곳에 있는 동안 아버지가 정신병원에서 보낸 시절을 회상한 뒤 다시 떠난다. 이 이야기에 대해 나는 그것이 윌리엄 칼로스 윌리엄스의 시와 긴밀하게 연관된다는 점을 언급할 수도 있을 것이다. 냉장고에 있던 자두 내가 먹었어 당신이 분명 아침에 먹으려고 넣어 둔 걸 텐데 미안 자두는 너무 맛있었어 어찌나 달콤하고 시원하던지, 내가 좋아하는 시다. 나는 당연히 나의 할머니도 그 이야기와 관련이 있다는 점을 언급할 수도 있을 것이다. 동트는 이른 아침에 당신 집 정원에서 까치밥나무 덤불과 자두나무 사이를 뚜벅뚜벅 돌아다니다가 느닷없이 멈춰 서서 하늘을 바라다보고 집게손가락을 들며 속삭이던 그녀의 버릇. 무언가 안개 자욱한 공기에서 떨어져 나와 밤새 흰 그늘로 자랐다 전나무와 회양목을 꼭 감싼, 오랫동안 나는 이 소절이 조금 특이한 동요라고 여겨 왔는데, 할머니가 죽고 한참이 지나 그것을 고트프리트 벤의 시 〈서리〉에서 발견하고 충격을 받았다. 베를린의 칸트 거리는 그 이야기와 관련이 있다. 그곳에서 현재 나의 부모님이 방 한 개 반짜리 뒷마당 집에 살고 있다. 8월 늦은 오후의 온기, 자비니 광장 역에서 광역 전철의 문 닫힘을 알리는 신호, 내가 어머니와 앉아 그녀가 담배 피우는 모습을 지켜보는 발코니, 그동안 아버지는 떨리는 손으로 우리를 위해 커피 테이블을 준비한다. 당연히 그는 이른바 현실에서 상자와 박스로 막힌 집에 혼자 살지 않지만, 그는 혼자다. 그리고 상자, 박스, 데스마스크, 고양이털로 만든 격자무늬 담요, 툴라산 은 식기는 베를린 노이쾰른의 옛집에, 몰락한 세계에 남겨졌는데, 몰락했다고 해서 그 세계가 사라졌다는 뜻은 절대 아니다. 그 모든 게 지금 있고, 서로 결합되고 있으며 이미 결합되었다. 그리고 내가 부모님의 작은 집에서 잠시 관찰의 눈을 피하는 데 성공할 때, 식기가 든 유리장을 열면 그걸 손으로 잡을 수 있다. 유리장은 할머니 것이었다. 그녀는 자신의 부적들을 그곳에 보관했었다. 그녀의 화석들, 조가비들, 호박 목걸이들, 러시아 이콘들과 부두 인형들, 그녀의 사진 앨범들, 구리 반지들과 밀짚 별들을. 그리고 오늘날에도—할머니는 삼십 년도 더 전에 죽었다—나는 그 유리장에서 그녀의 냄새를 다시 발견한다. 유리문을 열고 고개를 들이밀면, 그녀가 있다. 용연향, 샐비어, 백단향. 연기.

이해할 수 없는 일이다.

그녀의 목소리, 그녀가 탁자에 손을 올리던 모습, 마치 전시된 듯, 늘 오른손만, 왼손은 무릎 위에 머문 채, 나는 그녀를 본다, 나는 그녀를 볼 수 있다.

그녀는 이야기에 나오지 않지만 그 이야기와 관련이 있다. 내가 폐쇄 병동으로 아버지를 면회 가던 시절, 우리가 전에 없이 그리고 이후 다시없을 만큼 서로 가까웠던 시절이 그 이야기와 관련이 있듯. 저녁 식사. 그는 소시지와 치즈를 담도록 몇 칸으로 나뉜 플라스틱 쟁반을 자신과 나 사이로 밀었고 그 모든 사람들, 이해할 수 없는 뭔가를 나에게 원하던 그 정신 나간 자들을 물리쳤다. 그 참에 이슬비처럼 내리는 그들의 침을 식탁에서 닦아 내고 그들의 어물대는 말, 그들의 이글이글 불타는 눈빛, 그들의 호언장담과 접촉을 물리치고 나를 위해 모르타델라 소시지 한 조각을 마른 빵 위에 올려 주었다.

정말 그랬던가?

아니면 내가 지어낸 걸까.

내가 그 시절에 아버지에게 시를 읽어 준 것은 지어낸 일이 아니다. 어떤 시들은 그로 하여금 눈물을 쏟게 했는데, 꼭 그가 정신병원에 있어서 그런 건 아니었다. 누구나 살면서 적어도 한 번은 시 한 편에 눈물을 쏟을 수 있고 쏟아야 마땅하다. 나는 이 이야기를 고집하며, 내가 이 이야기에서 지금 막 말하지 않는 모든 것을 고집한다. 존 번사이드의 표현을 빌려 간략한 형태로 말하자면, 그 이야기는 내 사고력과 내 이해력의 흐름소리다.

베벨스플레트에서 나는 1월부터 6월까지 반년간 장학생으로 지냈다. 내가 도착한 건 한밤중이었는데, 마을은 칠흑같이 어둡고 주변 들판은 잉크처럼 깜깜하고 그라스 하우스의 문은 활짝 열려 있었고, 나는 당장 베를린으로 돌아가고 싶었다. 하지만 얼마 후 눈이 오기 시작해 다음 날 아침 창밖의 땅은 흰색이었고, 나는 머물렀다. 나 말고 다른 장학생이 둘 있었는데 그들은 무언의 합의 속에서 각자 홀로 있고 싶어 했고, 나 역시 홀로 있고 싶었다. 묘지와 교회가 내다보이는 무척 아름다운 그 이 층 방들에 홀로 있으면서 내가 무언가를 쓸 수 있는지, 쓰길 원하는지, 만일 원한다면 무엇을 쓸지를 알아내고 싶었다.

나는 〈붉은 산호〉 이야기를 가벼운 의혹을 품은 채 시작했다. 통속적인 러시아 동화를 이야기해도 괜찮을지 확신하지 못한 상태로. 그러다 아무래도 상관없어졌고, 그것이 시작이었다. 나는 책장에 꽂힌 브로크하우스 백과사전을 꺼내 난로 제작과 지난 세기 페테르부르크에 관한 내용을 들여다본 뒤 아침에 시작해 점심때까지 글을 썼고, 푸른 소파에서 낮잠을 자고 오후에 엘베강 변을 산책했다. 엘베강은 얼어붙었다. 세상은 바깥에서 안으로 뒤집혔다. 베를린 친구들이 폴크스뷔네*의 상연 프로그램을 보냈는데 그들은

---

* 19세기 말에 설립되어 민중을 위한 극장을 주창한 연극 단체 혹은 이 단체가 지은 극장을 뜻한다.

초연 작품에 십자 표시를 하고 그 뒤에 파티라고 적어 두었다. 나는 이 상연 프로그램을 한동안 책상 위에 걸어 두었다가 그냥 내버려두었다. 하지만 나는 폴크스뷔네에 관해 썼고, 〈발리 여인〉을 쓰며 눈이 내리게 했다. 내 방 창밖에 눈이 왔기 때문이고, 그 시절이, 나의 어린 시절과 젊은 시절을 포함해 모든 세월이 흑백이었기 때문이다. 나는 모든 것에 거리를 두었는데, 그건 전에 없던 일이었다. 나의 가족에, 선택 가족에, 죽은 할머니들에게, 내가 태어나고 자라난 도시에, 아버지가 악마들과 싸웠던 87호 병동에 거리를 두었고, 나는 생전 처음으로 혼자였다. 나는 나 자신과 말했고 그 외에는 누구와도 말하지 않았다. 나는 친구들을 그리워하는 동시에, 내가 친구들과 아무 관련이 없다는 걸 알고 있었고, 〈여름 별장, 그 후〉라는 이야기를 썼다. 이야기 속 슈타인의 아웃사이더 특성은 나 자신의 것이었고, 얼어붙은 호수들은 얼어붙은 엘베강이었고, 내가 결코 가지지 않은 것들을 향한 동경은 모든 걸 선명하고 유리처럼 투명하게 내 앞에 세워 두었다. 한번은 아버지가 정신병원에서 전화를 걸었고, 나는 부엌에서 레인지 옆 벽에 걸린 전화기로 그에게 속삭이듯 두 단락을 읽어 주었는데, 그

동안 그의 뒤에서는 정신 나간 자들이 냄비를 두드리는 듯하고 날카롭게 소리를 질렀다. 아버지는 말했다, 재앙이야, 신경 쓰지 마라. 그리고 나는 말했다, 두 번 다시 전화하지 마요. 단 한 번이라도 또 전화하지 마요. 글쓰기가 나의 것이라는 걸 나는 알고 있었다. 나는 동물의 본능으로 이해했었다. 글쓰기는 나의 것이라고. 글쓰기가 아마 나를 모든 것과 떼어 놓으리라는 것, 나를 단절시킨다는 것 또한 나는 알고 있었다. 하지만 나는 이 단절에 동의했고, 오늘날까지도, 여러 조건이 붙지만, 그렇다.

내가 자란 거리를 부모님이 떠났을 때 나는 삼십 대 초였다. 어머니는 예순 살이었고 자신의 삶을 그 거리에서 보냈었다. 마지막 몇 년 동안 부모님은 건물에서, 나중에는 블록에서도 유일한 세입자였다. 거리에 있는 집 전부가 어느 투자사에 팔렸는데 투자사는 집들을 폐가로 놔두고 퇴거 시 비워 두었고, 사람들은 이사를 갔고, 부모님은 남았다. 앞채, 옆채, 뒤채와 함께 마흔 집이 있던 건물에서 그들은 삼 년 동안 마지막 세입자였다. 즉 서른아홉 집이 비어 있었다. 문은 열려 있고, 남겨진 가구는 부서지고, 타일 난로는 사라지고, 쌍여닫이문은 뜯겨 나가고, 황동 손잡이는 분리되고, 마루는 바닥에서 뜯어져 있었다. 지하실에는 모기 군체가 부화해 봄에 떼 지어 날아올라 마당 위 하늘을 어둡게 했다. 쓰레기통은 더 이상 비워지지 않고, 배관이 터지고, 일 층 집들로 물이 차오르고, 빗물받이에서 자작나무 가지가 밖으로 뻗었다. 그때는 2003년 베를린이었으나 실은 다른 곳, 타임 홀이었고 그 집에서는 시간이 뒤로 가고 길게 늘어나고 소멸했다. 여전히 세척액과 식초와 석탄 냄새가 나는 축축한 건물 현관에 서 있으면 그 건물은 내가 어릴 적에 늘 바랐던 대로 비어 있었고, 나는 보이지 않는 존재였고, 삶은 내가 선택하거나 놔 버릴 수 있는 하나의 가능성이었다. 나는 예의 노란 집 안에, 나의 어린 시절 책 속에 서 있었다. 단지 더 소름 끼칠 뿐. 나는 일 층과 사오 층에서 문을 열고 집들에 들어갈 수 있었는데, 그곳에는 아무도 없었지만 과거에 그곳에 있던 사람들은 자신들의 열정적인 자취를, 자신들의 그림자를 남겨 두었다. 이 노란 집은 어두컴컴했다. 다만 삼 층 오른쪽의 적동색 창유리 너머 문에서 뭔가가 반짝였고, 어머니가 봉에 달려 달가닥거리는 펠트 커튼을 걷고 문을 연 뒤 나를 포옹했다. 겨울이면 집이 어찌나 추운지, 아버지가 대양 횡단 기선의 화부처럼 난로에 불을 땠는데도 부모님은 겨울 외투를 입고 모자를 쓰고 무릎 위에 보온 물주머니를 올린 채 함께 앉아 있었다. 여름이면 열대처럼 모기장 밑에서 잤다. 부모님은 협상을 통해 집세를 상징적인 액수로 낮췄고 그 대신 온갖 것이 고장 난 상황에 완전히 내맡겨졌다. 이 동화 같은 처지에서 아버지는 활력을 얻었고 어머니는 힘들어하는 기색이 역력했다. 그러던 어느 날 갑자기 초인종과 각 현관문에 새로운 명패가 둘 생기더니 한 주 후에는 또 하나가 더 해졌다.

카잔차키스

맨스필드

뱅

이 층 발코니에 누군가가 개박하를 심었고 오 층 오른쪽에서는 불빛이 켜졌다가 늦은 밤에야 다시 꺼졌다. 나의 할머니가 살았던 집에서 똑같은 현상이 벌어졌고, 거리에 있는 마지막 건물의 지붕 밑에서도 어스름이 닥치면 어두침침한 불빛이 그을음을 내며 타올랐다. 어머니는 어리둥절해하면서도 희망을 보앉다. 그녀는 집들을 다시 세놓는다는 인상을 받았다. 적어도 새로운 세입자 둘이 건물에 이사 왔고 직접 보지는 못했어도 어쨌든 존재한다고. 그녀가 바라던 바였다. 그녀가 어릴 적의 옛 거리가 돌아오는 것, 포석과 플라타너스, 황폐해진 공원, 반지하 집들, 일상의 삶이 벌어지며 서로 겹치는 마당들이 있는 소박한 거리. 어머니는 그것이, 다른 어딘가에, 반드시 존재한다는 걸 알고 있었다.

카잔차키스 맨스필드 뱅.

나는 초인종 명패의 이름들 앞에 서 있었다. 그 이름들은 서로 다른 세 글씨체로 서로 다른 세 개의 작은 명패에 적혀 있었다. 나는 꽃이 피어나는 개박하를, 창문에 달린 종이 별들을 올려다보았다. 아버지가 그 명패들을 붙이고, 개박하를 심고, 짐작건대 다양한 전등과 함께 타임스위치를 설치했다는 걸 나는 알았고, 어머니도 몇 주가 지나자 비로소 그것을 알아차렸다. 아버지는 이런 아이디어를 생각한 게 본인 역시 마음이 편하지 않았기 때문이며 아직 다른 사람들이 이 황량한 거리에 살고 있는 것처럼 꾸미고 싶었다고 주장했다. 이어서 그는 이것이 어머니를 위한 연출임을 인정했다. 어머니가 더욱 안정감을 느끼기를 원했다면서. 하지만 결국 그는 자기 자신을 위해 이 아이디어를 생각한 것이었다. 자신을 즐겁게 하고 재밌게 하는 놀이로. 어머니가 더 오래 속아 넘어갔더라면 아버지는 더 세세하게 일을 벌였을 것이다. 음악을 틀어 놓고 마당에 빨래를 널고 카잔차키스에게 온 소포를 받았을 것이다. 빈집에서 살던 시절은 아버지에게 행복한 시절이었다. 황폐한 고립 상태에 있던 집은 그의 삶의 감각에 딱 들어맞았고, 그곳에서 그는 그래도 세상과 하나가 되었으며, 만약 그의 뜻대로 되었더라면 마지막까지 그런 생활을 유지했을 것이다. 하지만 어느 땐가 어머니는 더 이상 그럴 수가 없었고, 세 번째 겨울이 지난 후에 우리 자식들이 개입해서 의견을 관철시켰고, 그들은 이사를 갔다. 그들은 노이퀼른의 방 네 개 반짜리 집에서 샤를로텐부르크의 뒷마당에 있는 방 한 개 반짜리 집으로 이사했고, 어머니는 이 새 주소에 자부심을 느끼는 동시에 마음이 찢어졌다. 부모님은 훼손된 가구 일부와 책을 바닷가 집에 가져다 놓았다. 인형 극장은 이 이사 과정에서 분실된 게 틀림없다. 인형의 집의 측면 부속 건물, 암실의 장비, 음반, 녹색 안락의자, 왜소증

자인 전차인도. 부모님은 그랜드 피아노를 그대로 두고 나에게 알아서 챙기도록 했다. 아버지는 생전에 나에게 그랜드 피아노를 물려주었다. 내가 그랜드 피아노를 운반하려고 마지막으로 들어갔을 때 집은 그랜드 피아노를 제외하곤 비어 있었다. 방 사이의 문들은 처음으로 활짝 열려 있었고 햇빛이 마루를 비췄다. 먼지 가득한 빛다발, 수십 년으로 이루어진 입자. 정적. 돌출창에는 작은 마지막 메시지가 압정으로 벽에 꽂힌 채 달려 있었다. 우리는 꿈을 만드는 재료와 같고 우리의 하찮은 삶은 잠으로 둘러싸여 있지.* 나는 발코니에 서서 담배를 피웠고, 피아노 운반 업체가 길을 내려왔다. 불을 내뿜는 용이 그려진 거대한 트럭, 우연의 일치. 문신한 거한 둘이 피아노를 끌고 층계를 내려가 트럭에 싣고 가 버렸다. 그들은 피아노를 들어 용의 아가리에 넣고 사라졌다.

나는 집에 머물렀고, 빈방들을 한 번 더 돌아다녔지만 어떤 몸짓도 없었고, 내가 느낀 것에 부합할 어떤 문장도 없었다. 만약 내가 뭘 느끼기는 했다면 말이

---

* 윌리엄 셰익스피어의 희곡 〈템페스트〉 4막 1장의 한 구절.

다. 나는 아무것도 느끼지 않았다고 여기고 싶다.

그러고 나서 나는 등 뒤로 현관문을 닫았다.

아픔 그리고 괴로움. 모든 설명, 모든 보고는 현실을, 이미지와 파편 들을, 꿈들을 기만적으로 정돈하는 일이다. 서른 살이 되었을 때 나는 어머니가 되었고, 내 아이와 보낸 첫 여름에 우리는 해변에 있는 할머니 집으로 갔다. 할머니의 죽음 이후로 나는 그곳에 안 간 지 아주 오래됐었다. 층계 밑 방에서 삼촌이 살림을 차리고 있었는데 우리의 등장은 그를 잠에서, 걸어차인 백일몽 같은 잠에서 데려왔고 그는 눈을 비비며 말했다. 사람이네.

나머지는 변한 게 없었다. 거미들이 사는 낡은 박물관. 옷장 속 할머니의 옷들, 나이트테이블 위 그녀의 책들, 낱장 사이의 책갈피, 그녀의 돋보기, 그녀의 구리 팔찌, 페이션스 카드, 약용 점토 캡슐, 그녀의 물컵. 노이퀼른 집에서 가져온 가구는 헛간에 쑤셔 넣어 두었고, 우리 모두가 자던 어린이 침대도 마찬가지였다. 나는 그 침대를 꺼내 깨끗하게 만든 후 덮개와 매트리스를 깔고 내 아이를 눕혀 놓고는 놀란 눈으로 아이를 바라보았다. 그 첫 몇 년 동안 그 집은 나의 것이었다. 삼촌은 현실의 침입을 품위 있게 감수했고, 나는 마음대로 해도 되었다. 아버지는 정신병원에서 나왔지만 몸이 쇠약해서 어머니가 곁을 지켰으며 여동생은 파리에서 공부 중이었고 남동생은 군복무 중이었다. 나는 그 집을 가졌다. 나는 나를 위한 세계를 가졌다. 나는 창문을 전부 열고 방을 쓸고 할머니의 옷을 구세군에 가져다주었다. 그런 다음 나는 베를린 친구들을 데려왔다. 내가 아이였을 때 결코 하지 않았을 일을 한 것이다. 나는 문을 활짝 열고 모두를 맞아들였다. 나중에 아다가 내게 이야기했듯, 나는 나의 실제 가족을, 나의 선택가족을 가족의 집에 데려왔다.

아다가 자신의 부모님과 헤어진 이유를 별로 말해 주지 않은 것처럼 나 역시 부모님과 헤어진 이유를 그녀에게 별로 말하지 않았다. 그녀는 무언가 문제가 있다는 걸 알고 있었다. 집은 너무도 혼란스럽고, 인테리어는 너무도 병적이고, 삼촌은 너무도 정신이 나갔고, 정원은 너무도 황폐했다. 이 모든 게 훤히 드러나 있고, 아무것도 차단되어 있지 않고, 누구의 규칙도 따르지 않아도 되고, 우리는 우리 하고 싶은 대로 했고, 모두가 이곳에 들렀다. 누군가, 아다는 그걸 파악했다, 맛이 갔었고 누가 목을 매달았었고 다른 누구는 완전히 이성을 잃었고, 분명 여기에서 권력 박탈이, 궁중 혁명이 일어났고, 그 이유를 물어보는 건 위험할지도 몰랐다.

내가 스스로 택한 이 가족의 전반적인 특징은 놀라울 만큼 익숙한 무언과 침묵이었다. 서로 무슨 이야기를 하는 일, 다른 사람에게 진지한 질문을 하는 일, 대답을 기다리는 일, 경청하는 일 그리고 생각하는 일, 새로운 질문을 하는 일 혹은 자기 의견을 덧붙이는 일은 잘 없었다. 어떤 면에서는 끈질기게, 다른 면에서는 아예 말이 없었다. 우리의 공동생활은 격동적이었다. 사랑이 넘치고, 다정하고, 커다란 감정들에 이끌리고, 따듯함과 동경, 그 시절은 하나의 가족에 가능한 한 가까워지는 것 같아 보였다. 그러나 만약 한 사람이 다른 사람에 대해 그가 원래 어디에서 왔으며 전에 어디에 있었는지 말해야만 했다면, 모두가 답을 몰라 포기했을 것이다. 삼촌은 그의 자전적 구조물에서 자꾸만 올라오는 부패한 뿌리를 때때로 붙잡은 유일한 사람이었다. 녹슨 미늘. 그는 자기 어머니에 대해 무언가 말하고 싶어 했다. 나의 아버지에 대해. 죽은 형제에 대해, 이 집의 상태가 이런 이유에 대해, 우리가 함께 생활하는 실제 이유에 대해 무언가 말하고 싶어 했다. 대개 저녁에 그리고 다량의 알코올과 결합되어 그가 이야기를 시작하면 나는 일어나서 자러 갔다. 그는 나 없이는 그 이야기를 하고 싶어 하지 않았기에 이야기를 중단했고, 더 물어보는 사람도 없었다. 현재―우리는 영속적인 현재를 원했다. 뭐든 전복이 일어나 다시 발밑에서, 두 손에서 빼앗기기 전에 현재의 것을 가능한 한 많이 누리고 싶었다. 어른들은 정신 나간 사람처럼 술을 마시고 담배를 피웠다. 아이들은 자율적이고 행복하게 방임되고 머리는 빗지 않고 맨발이었고, 절대 자러 갈 필요가 없어서 하루가 끝날 때에 선 자리에서 잠들었고 누군가가 그들을 잡아 아무 침대에나 눕혔다. 잠은 순간적 의식 소실이었다. 날이 밝을 때에야 서로 헤어진 후에 점심때 마침내 다른 이들을 다시 만나면 이해할 수 없을 만큼 굉장히 감동적이었다. 아다와 나는 부엌에 처음 나타나는 사람이었고, 우리는 같이 빈 잔과 병을 치우고 브뢰첸과 훈제 생선과 멜론을 사고 아침 식사를 차렸다. 우리는 우리 아이들 그리고 다른 이들의 아이들과 식탁에 앉아 아이들이 초코팝스 시리얼을 먹고 코코아를 마시는 모습을 푹 빠져서 지켜보았고, 그것이 우리에게 무슨 의미인지 말할 필요가 없었다. 침묵은 이런 식의 공동생활에 따르는 대가였고, 나는 그것이 옳다고 생각한다. 비록 그로 인해 오늘날 극소수의 예외를 제외하면 우리 모두 서로 연락이 끊겼을지라도.

그 시절에 나는 두 번째 책인《단지 유령일 뿐》을 썼다. 나는 테라스의 흔들거리는 작은 탁자에서 다른 이들 사이에 앉아 차를 마시고 그때만 해도 아직 담배를 아주 많이 피웠다. 내가 어느 이야기를 한두 페이지 쓰는 동안 주위에서는 특별한 안무가 펼쳐졌다. 점심때 좋은 아침이라고 비꼬듯 인사하기, 태양을 따라 집 주위를 이동하는 의자들, 누구 커피 한잔 더 할 사람, 그럼 나는 비뉴 베르데 와인을 조금 마실래, 아이들이 석재 타일 위에서 맨발로 달릴 때 나는 소음, 아이들의 빠르게 헐떡이는 호흡과 음모를 꾸미는 듯한 웃음. 나는 아다가 빨랫줄에서 빨래를 걷는 걸 볼 수 있었는데, 그때만큼 그녀가 예뻐 보였던 적은 드물었다. 까치발을 하고, 팔을 뻗고, 세심하게 시트를 접고, 비치 타월을 털고, 몸을 숙여 바구니에서 빨래 집게를 꺼내는 모습, 어찌나 몰두해 있던지. 나는 세 번째 페이지를 쓰기 시작했고, 그러다 일어나서 장보기 목록에 뭐가 적혀 있는지 보러 갔다. 장보기 목록은 부엌 창문턱에 놓여 있었고, 누구든 자신이 원하는 걸 적었고, 누구든 자신이 원하는 걸 받았다. 앞서 나는 카슨 매컬러스의 《결혼식 멤버》를 읽었다. 프랭키가 사촌인 존 헨리 그리고 흑인 보모인 베러니스와 부엌에 앉아 있고 그동안 이웃집에서 피아노를 조율하는 그 장면. 금방 뇌우가 닥칠 듯 무거운 분위기, 존 헨리는 베러니스의 무릎 위에 앉아 있고, 프랭키 역시 결국 베러니스의 무릎 위에 앉는다. 집 밖 옆집에서 피아노 조율사의 도도도 라라라 소리가 울려오는 동안 그들은 사랑에 관해 이야기를 나눈다. 불완전한 음계, 불협화 7화음, 장면 전체가 이렇게 실로 무아경처럼 충족되지 않은 동경으로, 열망과 예감과 슬픔으로 가득 차 있다. 나는 언젠가 그토록 경이롭고 완벽한 걸 읽은 적이 있는지 기억할 수 없었다. 나는 거기에서 뭔가를 내 이야기들에 가져오고 싶었다. 친밀함의 단절, 상처, 비애, 그리고 이 모든 것의 아름다움을. 짐 자무시의 〈다운 바이 로〉에는 잭Zack과 잭Jack의 이별이 있다. 영화의 마지막, 로드무비는 끝난다. 세 주인공은 서로 헤어질 것이고, 이미 헤어졌다. 존 루리와 톰 웨이츠는 갈림길에 서 있고, 웨이츠가 작별을 위해 루리에게 손을 내밀었다가, 다시 거둔다. 그리고 오른쪽 길로 가고, 루리는 왼쪽 길로 간다. 그리고 끝이었다.

끝이었다.

이 영화의 결말에 대해 나는 《결혼식 멤버》를 읽었을 때의 감동에 견줄 만큼 격한 분노를 느꼈다. 충격을 받아 어이가 없었다. 마치 마비된 듯 영화관을 나왔던 기억이 난다. 나는 자무시가 옳다는 걸, 우리 모두가 그런 식으로 헤어져야만 한다는 걸, 그래야만 살아남을 수 있다는 걸 알고 있었다. 날 건드리지 마—나는 이야기 속의 사람들이 이 말을 하기를 원했다. 서로 엇갈리게, 우리가 다른 사람을 사랑할 때 들이는 바로 그 정확함과 잔인함으로 서로 엇갈리게 이 말을 하기를. 사랑 때문에 숨쉬기를 그만두고 싶을 때. 죽을 때. 산산조각 날 때 들이는 바로 그 정확함과 잔인함으로. 장보기 목록에는 맥주 슈납스 와인 담배 생선 레몬이 적혀 있었고, 거기에다 누가 밤 모기 무식이라고 써 놓았다. 그리고 삼촌이 굴속 같은 방에서 너무 수면 부족에다 너무 술을 많이 마셔 엉망인 얼굴로 잠그지 않은 바지를 걸치고 나타났다. 그는 나에게 흐릿하면서도 확실하게 내 가족을 상기시키는 끈이었고, 그 끈을 가지고 나는 살 수 있었다. 아다가 맨발로 마을에 갔다. 아이들이 그녀를 따라갔다. 나는 컴퓨터를 닫았다. 나중에 다시 한번 열었다. 텍스트에 단어 하나를 넣고 싶었기 때문이다. 마치 X자 바늘땀처럼, 테두리처럼. 미광微光. 모든 게 슬프고 환했고 아무도 내게 뭘 하느냐고, 뭘 쓰고 있으며 무엇에 관해 쓰고 있느냐고 묻지 않았다.

누가 물어봐 주기를 내가 바랐을까?
    아니다.

여름이 끝나면 하나둘 차례로 베를린으로 돌아갔고 우리는 서로 포옹했다. 〈다운 바이 로〉 같지는 않았다. 우리는 포옹하고 입을 맞췄고, 울었고, 아이들은 이런 유의 눈물을 몹시 흥미로워했다. 아이들은 작은 머리를 비스듬히 기울이고 서서 우리를 올려다보았고 우리가 우는 걸 보면 만족해하고 안도했다. 자신들이 모든 걸 제대로 한 것이니까. 박물관의 옛 유물 같은 가재도구가 가장 밀집된 공간인 살롱에서—유리장에 든 명절용 식기, 대형 괘종시계, 비어마이어 양식 소파, 조국전쟁* 시대의 증명서—그랜드 피아노 위쪽 벽에 금색 액자에 든 증조부모의 금혼식 사진 한 장이 걸려 있었다. 1927년의 봄날, 그들은 집 앞에서 아직 헐벗은 나무들 밑에 가족들과 이웃들과 친구들에게 둘러싸여 앉아 있다. 일부러 의식한 건 아닌데 나는 그것을 따라 했다. 우리는 마지막 여름날에 집 앞에 서서, 사진을 찍어 달라고 부탁할 낯선 사람이 오기를 기다렸고, 어느 땐가 누가 지나가다 우리 부탁을 들어주었다. 가끔은 고전적으로, 앞뒤로 그리고 옆으로 나란히, 아이들은 앞에서 풀밭에. 다른 사진에서 우리는 키대로 한 줄로 서 있는데, 이 사진에서 내 아이는 가장 작았고 삼촌은 나이가 가장 많고 가장 컸다. 인원이 많거나 적은, 날씨가 맑거나 폭우가 내리는 단체 사진들이 있었고, 모든 사진에서 시간의 플립 북처럼 아이들이 자라고 우리가 나이 드는 걸 볼 수 있었고, 마지막 사진들에서 아이들은 말

---

* 러시아 역사에서 러시아를 침략한 나폴레옹, 나치 독일과 치른 전쟁을 이르는 표현.

그대로 그림에서 튀어나온다. 아이들은 아직 사진 속에 있다가 나중에는 사라졌다. 사라져 버렸다.

아다 롤란트 로베르트 미하엘 슈타인 마르코 페터 그리고 토어스텐, 빈스 파울리나 로티 파울 그리고 마르틴 그리고 프란츠 그리고 나. 2004년 8월, 불더위가 기승을 부린 여름의 끝. 낯선 사진가의 눈에 우리가 어떻게 보였을까. 아마 행복한 야만인들 같았으리라. 나는 이 사진들을 슈퍼마켓에서 현상해 부엌 찬장 유리에 끼워 놓았다. 비록 당시에는 그 사진들이 내가 가진 모든 것보다 중요했지만, 그것들을 액자에 넣을 생각은 내게 떠오르지 않았을 것이다.

그 여름들이 끝나고, 내가 분석을 시작하고, 담배를 끊고, 세 번째 책을 쓰고—《알리스》, 베를린 집의 부엌 식탁에서 이른 아침 시간에 늘 똑같은, 정확한 시간적 절차에 따라 쓴 책, 일종의 수련이자 벌—나서 긴 세월이 흐른 뒤 느닷없이 나는 놓쳐 버린 여름에 대한 꿈을 반복해서 꾸었다. 이 꿈에서 여름은 끝났고, 나는 집에서 내 다락방 안에 서서 짐을 꾸렸다. 여름옷을 개키고 읽지 않은 책들을 챙겨 넣고 샌들을 옷장 밑에 두었고, 이 일을 하는 동안, 올해 내가 수영하러 가지 않았다는 사실이 머릿속에 떠올랐다. 나는 수영하러 가는 걸 잊고 있었고, 이제는 너무 늦었다. 이 깨달음은 끔찍했다. 실로 경악이었다. 추락 후에 쾅 떨어지는 것처럼 이 깨달음과 함께 꿈이 끝났다. 나는 잠에서 깨어났고 내 심장은 미친 듯이 뛰었다. 이 꿈의 여러 변형된 버전에서 나는 올여름에 자전거를 타지 않았다거나, 정원에서 모닥불을 피우지 않았다거나, 페르세우스자리 유성우를 놓쳤다는 사실을 깨달았다. 하지만 비교가 안 될 만큼 최악의 꿈은 단체 사진을 찍지 않은 꿈이었다. 나는 우리가 사진 찍는 걸 잊어버린 꿈을 꾸었다. 우리는 다른 이의 어깨에 팔을 두르고 우산을 쓰거나 쓰지 않은 채 집 앞에 서지 않았다. 우리는 아이들이 커 가고 우리가 늙어 가는 모습을 보기 위해, 늙어 감을 포착하고 거기에 뭔가 대항하기 위해 낯선 사람한테 부탁해 사진을 찍는 일을 하지 않았다. 우리는 그걸 하지 않은 것이다. 돌이킬 수 없었다. 모두가 떠나 버렸으니까. 모두가 가 버렸으니까.

삶의 한가운데에서 나온 꿈. 놓쳐 버린 것과 놓치지 않은 것, 말해진 것, 말해지지 않은 것을 저울질하기. 우리가 해야 할 일을 하지 않는다는 사실. 우리는 그렇다, 끊임없이 우리는 해야 할 일을 하지 않는다. 그런데 이 꿈에서 어떤 디테일을 내가 잊어버렸을까?

단체 사진들은 오늘날에도 여전히 부엌 찬장 틀과 유리 사이에 끼어 있다. 내가 집을 가족에게, 낡은 구조들에 도로 내주어야 했음에도, 내주었음에도 그 사진들은 그곳에 남아도 되었다.

아버지는 그 집을 탈환했고, 나의 형제들은 자기 아이들과 함께 그 집을 차지했고, 늙은 삼촌은 여전히 계속 그곳에 있다. 그리고 이 모든 게 정상이다. 왜냐하면 나는 늙었고 떠났으니까, 상황이 해결됐으니까. 살롱은 치워졌고 이제 가족의 성전이다. 아버지는 유리 진열장을 청소하고 식기를 정리했고, 큰 명절이면 그 식기로 식탁을 차린다. 대형 괘종시계가 똑딱거린다. 그랜드 피아노는 조율되었고, 증명서들은 정돈되어 나란히 걸려 있고, 이 방에서 단연 돋보이는 건 금혼식 사진이다. 당시와 달리 오늘날 나는 이 사진 속의 사람들이 누군지 안다. 나는 빛바랜 형상들을 아버지처럼 집게손가락으로 톡톡 치며 말할 수 있다. 할머니, 증조할머니, 러시아에서 난로를 만들던 증조할아버지, 마녀였다는 고조할머니. 부모님이 금혼식을 맞이했을 때 아버지는 이 사진을 따라 했다. 부모님의 결혼기념일은 아버지의 일흔다섯 번째 생일이기도 했고 추측건대 그가 온 가족에 둘러싸여 보낸 첫 번째 생일이었을 텐데, 그날 그는 세상에 있는 걸 가족들에게 축하받는 일을 견뎠다. 그 금혼식 사진을 따라 하려는 아이디어는 모든 걸 계획하고 통제하지 않고는 못 배기며, 상황을 받아들이고 거기에 자신을 내맡기는 대신 상황을 조성하려는 아버지의 강박적인 태도에서 비롯한 게 분명하다. 내가 살면서 본 아버지는 일어나는 일을 가만히 앉아서 지켜보지 못하는 사람이었다. 하지만 더 나아가 그 아이디어는 논리적이기도 했고, 부모님의 비현실적인 금혼식에 실제로 중심을 부여하고 거의 의미를 부여했다.

그 7월 4일이 밝았고, 일어났고, 끝났다는 사실이 오늘날까지 나는 놀랍다. 우리 모두가 놀랐다. 경사스러운 날을 차분하게 기념하는 방식이 숨이 멎을 만큼 인상적이었기에 우리는 그것을 받아들일 수밖에 없었다. 그날은 우리를 압도하고 우리에게 선물을 준 다음 지나갔다. 날씨는 여름답고 따뜻하고 변덕스럽지 않았고, 가족들은 대단히 명랑한 기분으로 목적지에 도착했고, 손주들은 기분이 좋았고, 자두나무 아래 탁자는 다른 삶을 사는 다른 가족을 위해 준비된 것 같았다.

남동생은 아내에게, 여동생은 남편에게 에스코트를 받았고, 삼촌은 평온하고 정신이 말짱했다. 그는 인생의 버팀목 역할을 해 줬던 여자들을 데려와도 되었고 자신이 존중을 받고 진지하게 받아들여진다고 느꼈다. 아버지는 지금껏 장례식 때만 입던, 하나뿐인 양복을 입었다. 아버지는 연설문을 써 왔고, 어머니에게 연설문을 낭독하게 했다. 어머니는 서서 최대한 훌륭한 목소리로, 흰색 블라우스와 부드러운 모직 재킷 차림의 여전히 소녀 같은 모습으로, 아주 착실하게 낭독했다. 그녀가 읽고 있는 내용을 결코 이해하지 못한다는 걸, 그녀가 아무것도 이해하지 못한다는 걸 지나가는 사람이면 누구나 똑똑히 알았을 것이다. 우리 모두가 아무것도 이해하지 못했다. 연설문은 나의 부모님에 대한 것이었다. 시간에 대한, 어떤 척도에 대한, 결합을 유지해 주는 것에 대한, 어쩌면 그런 내용. 순전히 능력 밖의 일이기에 결국 나는 정말로 그 내용을 더 이상 기억하지 못한다. 명백히 아예 단절되어 있던 아버지의 내면세계에서 나온 그 글은 복잡하고 누구와도 공유할 수 없었다. 우리는 아버지를 위해 함께 연설을 받아들였고 조용히 고개를 숙이고 앉아 어머니의 목소리에 귀를 기울였다. 그녀의 목소리는 적어도 청각적으로는 우리에게 연설을 전달했다. 부모님의 신혼여행—밤새 에르츠산맥으로 떠난 스물네 시간의 나들이—에 관한 작은 일화 하나가 연설문에 가라앉혀진 채 숨어 있었다. 신혼 첫날 밤 후 아침에 펜션 주인이 그들에게 속삭였다. 삶이란 오로지 두 가지라고. 복잡함과 단순함. 이 양극 사이에는 아무것도 없으며 그것만 알면 된다고. 아버지는 이 결론에 오늘날까지 동의한다고, 어머니가 낭독했다. 그러고 나서 우리는 일어나 서로 입을 맞추고 포옹하고 집 앞으로 가서 그 사진을 찍기 위해 자리를 잡았다.

우리는 집 앞에서 아버지의 지시대로 자리를 잡았다. 거의 백 년 전의 조상들처럼, 즉 장녀인 나는 첫째 줄에서 어머니 옆 의자에 앉고 여동생의 쌍둥이 아이들은 내 앞 잔디밭에 그리고 내 아이는 내 할머니 역할을 하며 사진 오른쪽 가장자리에, 여동생은 뒤에, 남동생은 아버지 왼쪽에 그리고 기타 등등, 우리는 그렇게 했다. 우리는 시간 속으로 훌쩍 들어갔다.

아버지가 내 옆에 잠시 서 있다가 내게 물었다. 망자의 자리인 마르타의 자리에 있는 게 섬뜩하지 않느냐고. 그리고 나는 짜증스레 대답했다. 하나도 섬뜩하지 않다고, 정반대라고, 위안이 되면서 정말이지, 좋다고. 그것이 내 느낌이었다. 백 년 전과 달리 사진사도 외부의 시선도 없고, 우리는 셀프타이머를 설치하고 우리끼리만 있었는데, 나는 그것이 아쉬웠다.

십 초, 하나씩 줄어드는 숫자.

끝.

오늘날 부모님의 금혼식 사진은 1927년의 사진 옆에 걸려 있다. 딱 봐도 아버지가 주인공이다. 그의 모습이 평소와는 전혀 달라 보여서 그런지도 모르겠다. 그는 우리 모두 가운데 가장 똑바로 카메라를 쳐다보고 있고, 얼굴 표정은 확고부동한 엄숙함을 띠고 있는데, 그것은 비난과 노여움과 통찰이며, 이 반항적이고 강인한 얼굴에는 모든, 그렇다, 엄살과 혼란이 사라져 있다. 아버지는 순간을 바라보고 있고, 그 일을 완수한다. 가족은 고분고분하게 양옆에서 그를 엄호

하고 있다. 어머니는 고개를 기울이고 발밑 왼쪽 풀밭에 놓인 작은 무언가를 주의 깊게 관찰하고 있다. 몸을 돌린 채. 내 모습이 어떤지 나는 말할 수 없다. 내 아이는 웃고 있다. 집, 나무들, 우리 머리 위 하늘이 있다. 백 년 전처럼. 우리는, 머지않은 미래에, 더 이상.

나중에 아버지에게 왜 우리가 이런 사진을 더 일찍, 다른 기회에 찍으려 하지 않았느냐고 묻자 그는 망설임 없이 그리고 나의 멋모름과 나의 무지에 대한 거부감을 미처 숨기지 못하며 대답했다.
    그는 말했다, 왜냐하면 그게 마지막 사진이니까.

오늘날 나는 생각한다. 어떤 면에서 이 문장은 나의 이야기들과 관련이 있다고. 나의 글쓰기와 관련이 있다고. 나는 이런저런 일이 끝났을 때, 그것이 끝나리라는 걸 내가 알 때, 그것에 관해 글을 쓰기가 더 수월하다. 마지막이란 지금 이대로 좋다는 뜻이 아니다. 단지 어찌어찌 하나의 끝에 도달했다는 뜻일 뿐이다. 이 끝에서 일이 새로 일어나고, 다시 처음부터 시작해야 한다. 《여름 별장, 그 후》에서 나는 행복은 늘 그 이전의 순간이라고 썼다. 오늘날이라면 나는 이렇게 쓸 것이다. 행복이란 늘 그 이후의 순간이라고. 당신이 소위 행복을 이겨 내고, 행복을 무사히 모면하고, 행복이란 게 무엇인지 깨닫고 행복을 다시 잃어버리고, 놓아주고 던져 버린 순간. 이것이 마지막이다. 혹은 달리 표현하면, 이것이 내가 글을 쓰며 도달한 지점이다. 그렇다면 분명코, 그 이전이든 그 이후든 결국 그냥 똑같다.

나는 빨간색 원피스를 입고 작은 의자에 앉은 인형 아나를 다른 곳으로 옮겼다. 이제 그녀는 책상 전등의 받침대 위에 앉아 있다. 그녀는 나를 바라본다. 나는 그녀가 나를 관찰한다고 여길 수도 있겠으나 그건 너무 지나친 생각이고, 그녀는 약간은 극장에 앉아 구경하듯 나를 바라본다. 그녀는 책상에 앉아 있는 여자를 바라보고, 그 여자를 지켜본다. 그녀 뒤로 베를린에서 누군가가 내게 보낸 카드 한 장이 기대어 있는데, 우연이다. 나는 누구와도 여기 이 텍스트에 관해 말한 적이 없다. 아이나르 슐레프의 다음과 같은 문장.

기억하는 것은 일이다.

책상 위의 카드와 전등과 인형은 마치 설치 예술 같은 느낌을 준다. 나는 나와 인형 사이의 거리를 키웠고, 인형은 나의 일부라기보다는 물건이다. 인형은 내가 내 안에 고치로 감싸 숨겨 둔 무언가를 알며, 그걸 비밀로 할 것이다. 내가 글을 쓰는 건 이 수수께끼를 다루기 위해서가 아니다. 내가 글을 쓰는 건 그냥 그렇게 됐기 때문이며, 수수께끼는 내가 이야기를 작업하고 이야기를 생각하는 방식만을 특징짓는다. 나는 만일 내가 꿈을 꾸면 어떤 꿈을 꿀지를 글로 쓴다. 나는 이야기의 첫 번째와 두 번째와 세 번째 버전을 쓴다. 각 버전에서 나는 뭔가를 지우고, 다시 넣고, 제거하고 반복하고 또 뭔가를 제거하며, 마지막 버전에서 영영 사라져 버린 것, 이것이 내가 그 이야기를 쓴 이유다. 동인이자 동기다. 그것이 사라져 버린 건 중요하지 않다. 그것은 존재하지 않았던가. 그리고 이 존재했음은 잔광을, 형이상학적 압축을 함의한다. 이걸 우스꽝스럽다 여길 수 있지만 나는 상관하지 않는다. 나는 그것을 고집한다. 집중을 요하는 일이고 육감이 필요하다. 방금까지만 해도 누가 있던 방에 들어가는 느낌, 이 누군가는 떠났지만 뭔가를 남겨 두었다. 진동을, 특별한 분위기를.

유황과 먼지.

이야기 쓰기란 의혹을 품는 것이다. 읽기란 여기에 응하는 것이다. 모든 이야기는 유령에 대해 이야기한다. 결국 이야기의 중심은 블랙홀이지만, 그것은 검지 않다. 깜깜하지 않다. 그것은 최선의 경우 이글이글할 수 있다.

III

2020년 겨울, 팬데믹의 첫 겨울에 나는 도시에서 시골로 아주 떠났다.《우리 집》에 나오는 여성 서술자의 집처럼 마을과, 할머니의 여름 별장과 안전하게 거리를 둔 집으로 이사를 갔다. 가족은 코비드 때문에 도시에 머물렀다. 모든 게 멈춰 있다. 내가 시골에 있은 지 거의 삼 개월이 되었고—이처럼 오래 연이어 떠나 있던 적은, 이처럼 과도하게 홀로 있던 적은 한 번도 없다—마치 옛 세계와의 모든 연결이 끊겨 버린 듯 여겨지는 순간들도 있다. 나는 그 일이 실제로 일어나지 않도록 조심해야 할 것만 같은, 기억과 전혀 아무것도 기억하지 않을 자유 사이의 어중간한 상태를 유지하고 무게가 어느 한쪽으로 쏠리지 않도록 주의해야 할 것만 같은 인상을 받는다. 11월과 12월에 2차 록다운과 함께, 투르게네프가 장편 소설 《루딘》에서 "강바닥에 다다랐다"라고 묘사한 감각이 싹텄다. 세상이 당신 머리 위로 무겁게 흘러간다, 괴로움과 한탄과 아름다움으로 가득한 세상, 그러나 당신은 흐름 아래에 있고, 그곳에 가만히 있고, 당신은 가만히 있는 까닭에 그곳에 머무를 수 있다. 물속의 삶, 이것은 〈붉은 산호〉의 서술자가 묘사하는 삶의 감각과 기이하리만큼 비슷하다. 물속 같은 삶, 바닥없는 나날. 차이점은 물론 이 여성 주인공이 아주 젊다는 것이다. 나는 늙었거나 혹은 늙어 가는 중이다. 아무래도 우리는 삶에서 완전히 다른 시기에 똑같은 감각에 이끌릴 수 있나 보다. 〈붉은 산호〉의 서술자가 지닌 삶의 감각은 나의 것이었다. 삼십 년도 더 전에. 그리고 나의 기억 속에서 그 삶의 감각은 도리어 불행이었다. 똑같은 감각이 오늘날에는 행복에 가깝다. 이게 위안이 될까? 여기에 뭐든 의미가 있을까.

이곳에서 내가 만나고 대화를 나누는 이는 몇 사람 되지 않는다. 사실 단 한 명이다. 나는 욘을 만난다. 이런 한정된 관계를 정당화하는 것은 코비드이지만, 결국 나는 코비드가 아니더라도 다른 사람을 만나고 싶지 않고, 그냥 욘만 만나고 싶다. 그리고 코비드는 하나의 모티프가 반복해서 생겨나게 한다. 내가 갈망하는 그 모티프란 이렇다.

나와 다른 한 사람이 세상에 단둘이 있다.
    욘과 내가 세상에 단둘이 있다.

2020년 11월, 내가 강바닥에서 표류한다고 느끼던 나날에 우리는 이곳 지방 도시에 있는 성城 박물관*에서 몇 번의 오후를 보냈다. 욘은 직업상 그곳에 볼일이 있었다. 그는 실내 장식에서 얼핏 눈에 띄지 않는 괴이한 디테일을 찾아내 사진으로 찍어야 했고, 우리는 살롱과 진열실에서 몇 시간을 보내고, 천장화에서 숨겨진 메시지를 발견하기 위해 마룻바닥에 등을 대고 누웠다. 왜가리의 부리에 물린 개구리, 바람 마차를 끄는 신, 노출된 가슴, 등을 돌린 벗은 어깨. 박물관은 팬데믹 때문에 폐관 중이었다. 우리 말고는 아무도 없고 우리는 실제 자신과는 다른 사람을 연기할

---

* 박물관으로 사용되는 옛 성을 가리킨다.

수 있었으며, 우리는 이 상황에 응당히 감사하며 관조적으로 타인을 연기했다. 사흘 동안, 우리는 일찍 어둠이 깔린 후에도 그곳에 머물렀고 마지막 날에는 야간 경비원이 하마터면 우리를 안에 가둘 뻔했다. 금요일이었다.

우리가 접견실에서 창문턱에 앉아 쓸쓸한 성 광장을 내다보고 있을 때 야간 경비원이 불쑥 나타나 우리를 놀라게 했다. 그는 우연히 우리 목소리를 듣지 못했더라면—우리는 전혀 대화를 나누지 않고 있었다—자칫 정말로 우리를 가둘 뻔했다고 했다. 그는 우리가 소지품을 챙길 때까지 정중하게 기다린 다음 우리를 출구로 데려다주었다. 그는 자신이 월요일에나 다시 왔을 것이며 우리는 주말을 어떻게든 버텨야 했을 거라고 말했다.

그는 말했다, 그리고 식료품 저장실은 비어 있고요.

그러고 나서 그는 우리 뒤에서 정문을 닫았다.

나중에 나는 욘에게 짧은 메시지를 보냈다. 나는 아주 기꺼이 둘이서 온 주말을 성에 갇혀 있었을 거라고 썼고, 우리는 모든 걸 말했을 텐데 정말 아쉽다고 썼다.

욘은 자주 그 이야기를 꺼낸다. 그는 자꾸만 말한다. 우리는 모든 걸 말했을 텐데, 그는 이 모든 것이 무엇이었을지 내게 답을 듣고자 한다.

재밌는 질문이다. 모든 것이 무엇이었을지 그에게 말해 주는 건 불가능하며, 더 이상 그런 고백에 이르지 못하리라는 걸 우리 둘 다 분명히 안다. 성에서의 이틀 낮과 밤은 하나의 진실을 이끌어 냈을 터인데 이 진실은 돌이킬 수 없게 요단강을 건너가 버렸다. 늘 여러 가지 진실이 있다는 사실을 받아들이면 마음이 놓인다.

그럼에도 욘은 고집을 꺾지 않는다. 그럼에도 그는 말한다, 모든 것이란 게 뭐야. 무슨 뜻으로 한 말인데.

나는 말할 수 있을 것이다. 가령 우리의 강박 관념 말이지, 마침내 당신은 은밀한 소원들을 내게 이야기할 수 있었을 거야, 마흔여덟 시간 후에 우리는 그런 것까지 알게 됐을 테지, 당신은 모든 위험을 감수할 수 있었을 거야. 그러나 나는 물론 이 말을 하지 않는다.

나는 전혀 아무 말도 하지 않는다.

12월이 지나고, 새해가 오고, 나는 강바닥에서 올

라와 다른 이들에게로 되돌아간다. 그래도 결국엔 숨을 쉬어야 한다. 숨쉬기는 말하기를 동반한다. 새해가 시작된 이후로 욘은 지난해보다도 훨씬 더 많이 나와 대화하고, 나는 그와 더 많이 대화하고, 우리가 상대방을 위해 만드는 문장 하나하나는 얽히고설킨 새로운 수수께끼를 가져온다. 우리가 속마음을 털어놓으려 애쓸수록, 우리는 상대방을 오해한다. 동화에서처럼. 말은 은이다. 침묵은 금이다.

나는 욘에게 무엇 때문에 이런 것 같으냐고 물어본다.

그는 한동안 곰곰 생각하더니 실제로 말한다, 유령들 때문이야.

나는 무슨 말인지 알겠다고 생각한다.

욘이 지방 도시의 성에서 사진으로 찍은 것 중 하나는 어느 야경화이다. 〈J의 마지막 늑대의 사살〉, 어두운 그림이다. 두꺼운 기름진 암흑, 그림 오른쪽 가장자리의 오두막 창에 유일한 한 점 빛, 욘은 늑대를 찾고 있었고, 추측건대 제목 때문에 이 그림을 고른 성싶었다. 사실 그림에는 아무것도 보이지 않았으니까. 하지만 곧 카메라 디스플레이에 아주 다른 모습이 나타났다. 그림 오른쪽 가장자리에서 집과 떨어진 곳에, 경계하며 귀를 쫑긋 세우고 앞발을 들고 냄새를 맡는 늑대의 모습이 정말로 보인 것이다. 오두막 또한 마치 어스레한 빛에서 나오듯 떠올랐고, 지평선의 목장, 도랑, 흩뜨려진 돌들, 이것은 절대 야경이 아니었다, 이것은 어스름 장면이었다. 카메라 렌즈는 아마 수 세기 동안 묵은 검댕과 기름 층이었을 이 암흑에서 하나의 장면을 무자비하면서도 부드럽게 끄집어냈다. 즉 빛을 밝혔다. 우리는 감격하고 경악했다. 경악이 우세했더라면 욘은 그 사진을 혼자 간직했을지도 모른다. 하지만 감격이 더 컸던 까닭에 그는 성 전면에 영사할 이미지 모음에 그 사진을 넣었다. 시민들을 위한 시각적 어드벤트 캘린더인 이 행사에서는 이십사일 동안 매일 저녁에 새로운 이미지를 영사할 예정이었다. 장난감 마차와 염소와 함께 있는 두 어린이를 찍은 지난 세기의 다게레오타이프. 우미의 세 여신을 그린 회화. 벽화 속 용, 산호 귀고리를 한 어린 소녀의 초상, 아이를 데리고 있는 우아한 마리아의 목각상, 정원 장면, 전망이 펼쳐진 숲가의 피크닉. 모든 모티프가 대폭 확대되고, 성 창문과 돌림띠와 성가퀴에 의해 끊기거나 강조되었다. 행사 이름은 '강림절, 도착, 친밀함'이었고, 장면들은 여러 명의 사람을 자주 보여 주었다. 접촉, 함께 있음을 보여 주었다. 음악도 없고, 별도의 음향이나 시각 효과도 없고, 성 광장은 어둡고, 영사된 이미지는 정적이고, 메인 이미지 하나에 매일 새로운 작은 이미지가 어드벤트 캘린더의 작은 문이 열리듯 교대로 나타났다. 저녁마다 점점 더 많은 사람이 찾아와 성 앞에 서 있었다. 성에 입장할 수는 없었고, 운영진은 힘겨운 한 해의 이 마지막 달에 성에 소장된 보물 몇 가지를 안에서 밖으로 날라 전시했다.

경건함. 사람들이 침묵하며 서 있는 모습에는 무언가 경건한 점이 있었다.

늑대는 12월 15일 저녁에 성 전면에 나타났다. 늑대가 정문 위를 걷고 앞발을 창문에—예의 11월 오후에 욘과 나는 그 창문턱에 함께 앉았었다—대도록 이미지가 영사되었다. 오두막은 성탑의 둥근 모양 때문에 원근법에 맞지 않게 휘었고, 늑대는 홀로 세상에 있었고, 그 위로 별이 지거나 떠올랐다. 늑대를 보는 관람객들의 반응은 다른 모티프를 볼 때와 다를 게 없었다. 그들은 핸드폰을 들어 늑대를 찍었다. 우미의 여신들과 바람의 신들을 찍어 그 사진을 집으로 가져가 누구한테 보여 주고, 누구한테 전달하고, 왓츠앱 시그널 트위터로 세상에 보냈었던 것처럼, 하나의 포획물로. 이 그림이 성 어디에 있는지 사람들이 물었더라면 욘은 대답해 주지 못했으리라. 늑대는 그림에 보이지 않았고 어둠의 보호를 받고 있었으니까. 오늘날에야 나는 생각한다. 욘과 내가 늑대를 그 보호막에서 꺼내 환한 빛으로 데려와 마지막에 풀어 주었노라고.

그리고 나는 이런 식의 의심스러울지 모를 은유들을 가지고 이 나날을 통과하고 있는 까닭에, 마르코를 생각한다. 그리고 마르코를 생각하는 까닭에, 오래전에 우리가 함께 보낸 어느 저녁이 다시 떠오른다. 분명 십 년도 더 전이다. 그날 저녁에 우리는 둘이 있었고 어쩌면 또 그래서 그때가 다시 떠오르는지도 모르겠다. 우리가 둘이 있는 일은 드물었다. 마지막에만, 마르코가 아프고 내가 집으로 그리고 나중에는 양로원으로 그를 찾아갔던 때만 둘이 있었다. 그런데 프렌츠라우어베르크에서의 그 저녁에 마르코는 아직 건강했거나 자신의 병에 대해 아직 아무것도 몰랐다. 처음에는 다른 사람들이 같이 있다가 나중에 집에 갔고 우리는 우연히 둘이 남게 되었을 것이다. 당시에는 약속이란 게 없었다. 그냥 외출했다. 거리를 내려가다 오른쪽으로 꺾은 다음 왼쪽으로 꺾고 운명에 맡기면 누군가를 만날 거라 확신할 수 있었다. 아다의 무리, 아다의 가족 중에 안쪽이나 변두리 그룹에 속하는 누군가를. 다음 모퉁이에서 X로, 다음다음 모퉁이에서 Y로 들어가면 무리 속에 있었다. 도시는 작았다. 도시는 마을이자 섬이었다.

내 기억 속에 남은 장면에서 마르코와 나는 뤼헤너 거리의 어느 술집 앞에, 문지기로 하여금 과시하듯 사치스럽게 차려입게 하는 끔찍한 바 앞에 서 있었다. 문지기는 우리를 들여보내 주려 하지 않았다. 어쩌면 우리가 너무 취해 보였나 보다. 어쩌면 그가 거드름을 피우고 싶었거나, 가게가 만석이었거나, 마르코가 그를 다소 진지하게 대하지 않았을지도 모르겠다. 어쨌거나 그는 우리를 들여보내 주지 않았다. 늦여름, 밤은 아직 춥지 않고 더 이상 따뜻하지도 않았다. 마르코는 한동안 언쟁을 벌이다 관두었다. 그는 문지기를 놔두고 곧장 가게 바로 앞에서, 그때만 해도 비뚤던 보도블록 사이의 웅덩이 한 곳에 누웠다. 그는 등을 대고 누워 팔을 쭉 펴고 다리를 끌어당겼다. 만족한 사람처럼. 그는 웃었고, 웃으면서 깊은 접시처럼 우묵한, 도시 위 감색 밤하늘을 올려다보았다. 마치 아스팔트가 부드러운 듯 아스팔트에 몸을 붙였다. 나는 어안이 벙벙해서 그를 쳐다보았고, 문지기 역시 어안이 벙벙해서 그를 쳐다보았다. 물론 문지기의 놀라움은 얼마 안 가 경멸로, 이어서 짜증으로 바뀌었다. 그가 가게 입구에서 나와 말했다. 일어나, 야. 일어나라고. 꺼져. 당장 꺼져 버려. 너희들 여기서 당장 꺼지라고. 둘 다.

그 시점에 나는 담배를 끊은 지 몇 달 되었는데 그것은 끔찍한 일이었다. 외출하고 술을 마시면서 흡연과 관련해 금욕을 지키는 것이 만만치 않았다. 나는 살짝 취하고 꽤나 흥분해 있었다. 문지기가 담배를 피웠다. 엄지와 검지 사이의 필터, 짧은 호흡으로 빡빡 담배를 빠는 모습, 틀림없이 그는 마르코에게 발길질을 하려는 걸 겨우겨우 자제하고 있었다. 그리고 그걸 본 나는 문지기에게서 담배를 낚아챘다. 나는 그의 두툼한 손가락 사이에서 담배를 뽑아 우선 푹푹 연기를 내뿜으며 피운 다음 훅 빨고 계속해서 끝까지 피웠다.

내가 왜 그랬는지 말하기는 어렵다. 기분 전환 혹

은 자기 공격. 아니면 그냥 마르코의 구상을 변주한 것일지도, 일종의 형제애에서 나온 무의식적인 의사 표시. 나는 마르코의 처지를 이해했다. 나는 거기에서 무언가를 이해했고, 나는 그걸 말로 표현할 수 없었을 것이다.

문지기는 어찌나 당황했는지 내게서 담배를 도로 가져가지 않았고, 니코틴은 정맥으로 주입된 액체처럼, 자극이 끊긴 나의 신경계로, 나의 손끝과 발끝으로 쏜살같이 흘러들었다. 그랬다, 독극물 같은 느낌이었다. 그리고 환상적인 느낌이었다. 나는 한 번 더, 그리고 한 번 더 담배를 빨았고 마르코가 나른하게 말했다. 아, 내 눈앞에서 사라져 버려, 이봐, 여기가 내가 있어야 할 곳이야. 여기 이 자리에 나는 있을 거라고.

문지기로서는 더 이상 감당할 수 없는, 이해할 수 없는 상황이었다. 그는 고개를 절레절레 흔들고는 아무튼 정말로 우리 사이에 침을 뱉었지만 더는 어쩔 줄을 모르더니 마침내 술집으로 돌아가서 등 뒤로 세게 문을 닫았다.

얼마 후 마르코가 일어나서 나무에 기대어 놓은 자기 자전거를 향해 느릿느릿 걸어갔다. 그는 고개를 비스듬히 기울이고 자전거를 바라보더니 홱 넘어뜨려 그 위에서 방방 뛰었고, 바큇살이 우지끈거리고 흙받기가 부서졌다. 춤추는 듯, 무슨 의식 같은, 멋진 광경이었다. 그는 끈 달린 닥터마틴을 신고 무거운 재킷을 입고 있었다. 그는 힘차게 뛰었고 그의 어깨와 펼친 팔과 구부린 손으로부터 더러운 웅덩이 물이 가로등 불빛 아래서 은색과 오팔색 방울로 날아갔다. 아다는 마르코가 어린 시절에 수업을 마치고, 축구를 하고, 물놀이를 하고 집에 가는 길에 늘 무언가를 망가뜨려만 했다고, 집에 도착하기 전에 자동차에 달린 거울을 부러뜨리고 창을 깨고 정원 문을 짓밟고 무언가를 파괴해야만 했다고, 아무도 그를 말릴 수 없었다고 내게 이야기한 적이 있었다. 그날 밤 뤼헤너 거리에서 나 역시 마르코가 자기 자전거를 짓밟아 부수는 걸 말릴 수 없었다. 꿈에도 말릴 생각을 못했을 것이다.

나는 집에 갔다.

다음 날은 일요일이었고, 마르코가 이른 시각에 내게 전화를 걸었다. 그는 필름이 끊겨서 내게 자기 자전거가 어디 있는지 아느냐고 물었고 나는 직접 보여 주겠다고 말했다. 그가 나를 데리러 왔고 우리는 일요일의 인적 없는 고요한 구역을 지나 그 술집에 갔다. 부식된 셔터가 아래로 내려져 있었고 술집 앞에 망가진 자전거가 쓰러져 있었다. 마르코는 오래도록 자전거를 관찰했다. 나는 그가 이제 기억을 떠올릴 거라고 확신했지만 그는 아무 말도 하지 않았고 나 역시 아무 말도 하지 않았다. 이윽고 그가 자전거를 들어 세웠다. 자전거는 아직 그럭저럭 밀고 갈 만했고 그는 그렇게 했다. 그는 옆에서 자전거를 밀고 갔고 우리는 얼마쯤 가다가 유리창에 김이 서린 포르투갈 가게에서 커피를 마셨다. 우리는 창가 바 테이블에 나란히 앉아서 김 서린 유리창을 닦아 구멍을 낸 뒤 거리를 내다보았고, 뒤이어 드문드문 오가는 행인들을 보고, 자동차 사이에서 종종거리며 돌아다니는 비둘기들을 지켜보고, 가로등 기둥에 기대어 있는 울퉁불퉁한 자전거를 바라보았다. 우리는 자전거에 대해, 웅덩이에 대해, 전날 밤에 대해 말하지 않았다. 그날 아침에 우리의 유대는 돈독했다. 전에 없이, 이후 다시없을 만큼.

오늘날 생각하면 마르코는 내가 부모님에게 데려간, 내가 아버지에게 소개한 유일한 사람이었다. 다른 모든 이들과 달리 그를 신뢰했기 때문이 분명하다. 겨울이었다. 당시 마르코는 목공소에서 일했고, 부모님은 이미 마지막 세입자여서 더 이상 집을 따뜻하게 할 수가 없었는데, 마르코가 한번 장작을 가져다주겠다고 제안했다. 부모님이 전체 주택 단지에 남은 마지막 거주자라는 걸 그는 알고 있었고, 이 사실은 그에게 무정부주의적으로 깊은 인상을 주었다. 버려진 빈집들의 시대, 무단 점거는 그때 이미 오래전 일이었다. 마르코가 아는 건 그 정도뿐이었고 나는 내 가족의 특별한 상태에 대해 그에게 결코 말한 적이 없었다. 그는 트레일러에 장작을 가득 싣고 집 앞에 와서 장작을 지하실과 발코니로 날랐고 아버지가 커피를 끓였다. 아버지는 이성적으로 행동했지만 그러면서도 경계를 늦추지 않았고 마치 마르코가 예측 불가능한 사람인 양, 거친 사람인 양 조심스러워했다. 나는 마르코를 관찰하면서 무언가가 그의 눈에 띄고 이상해 보이기를 기다렸다. 나는 그가 나중에 이런저런 세세한 걸 물어볼 거라고 확신했다. 너저분한 집, 물건으로 가득 찬 혼란스러운 방, 구멍이 숭숭 난 아버지의 모직 재킷, 약 상자들, 수열로 가득한 구겨진 쪽지들, 아버지의 산만함과 피로, 그러나 그는 아무것도 묻지 않았다. 아무것도 그의 눈에 띄지 않았거나, 그의 눈에 띈 것이 그를 놀라게 하지 않았거나, 혹은 그냥 그의 관심을 끌지 않았거나. 아버지는 프랑크푸르트오데르에 대해 이것저것이 궁금한 양 굴었다. 마르코는 이것저것을 이야기해 주었다. 우리는 커피를 한 잔 더 마시며 마르치판 초콜릿을 먹은 다음 차를 타고 프렌츠라우어베르크로 돌아왔다. 굉장할 것 없는 일이지만 나에게는 굉장한 일이다. 이것은 일어난 일이란 의미에서 하나의 이야기이다. 이 모든 일이 일어났다. 그리고 나는 지금까지 그 일에 대해 아무것도 쓰지 않았다. 그리고 문제는, 만일 내가 그 일에 대해 쓴다면, 마르코의 연약함과 취약함, 밤거리에서 벌어진 예의 장면과 같은 장면들에서 이미 큰 몫을 했을 그의 병을, 욘이 성에서 늑대를 밝은 빛으로 데려온 것처럼, 밝은 빛으로 데려올지 여부다. 팬데믹과 함께하는 고요하고 억제된 몇 주간의 민감함과 과민함 속에서 모든 것은 의미심장해진다. 암호가 늘어나고 더욱 불가해하게 된다. 그리고 나는 이야기의 비밀과 이야기의 늑대가 완전 별개라고 생각한다. 마르코의 연약함이 이야기에서 늑대일까. 혹은 달리 표현하자면, 내가 마지막에 늑대를 풀어 주지 않고서 늑대를 이야기할 수 있을까.

팬데믹 전, 그 일 년 전에 욘과 나는 같이 짧게 업무차 출장—업무차라는 말을 사용하니 기분이 좋다, 작가의 일상에서는 사실 나오지 않는 말이니까—을 갔다. 올덴부르거란트*에서 조사를 수행하기 위해서였다. 우리는 어느 소도시에서 시장 광장의 호텔에 투숙했고 늦은 오후에 나란히 있는 방에 각자 들면서 저녁때 호텔 식당에서 만나 식사를 하기로 약속했다. 도착과 약속 사이에 두 시간이 있었다. 나는 트렁크를 놓고 외투 차림으로 문가에 머물러 서 있었고 백까지 숫자를 센 다음 까치발로 다시 방을 나왔다. 나는 혼자 다시 밖에 나가서 홀로 도시를 다니고 밝게 불을 비춘 창문들을 들여다보고 싶었다. 이상할 것 하나 없는 일이었다. 우리는 여러 날 전부터 함께 여행을 했고, 혼자만의 시간을 보내고 싶은 건 당연했으며, 게다가 우리는 이 두 시간을 각자 어떻게 보낼지 합의한 것도 아니었다. 그럼에도 내가 가능한 한

* 독일 니더작센주의 지역. '올덴부르크'가 중심 도시 이름이며, '올덴부르거란트'는 이 도시를 포함한 주변 지방을 아우르는 역사적 명칭이다.

조용조용 욘의 방을 지나 층계로 갈 때는 뭔가 거짓말을 하는 것 같았고, 한 시간 반 후에 돌아온 나를 우연히 마침 프런트에서 호텔 직원과 이야기 중이던 그가 발견했을 때는 무슨 짓을 하다 들킨 느낌이 들었다. 내가 프런트에 들어오자 그는 눈썹을 치켜올리더니 몸을 돌렸다. 재밌는 상황이었다. 마치 우리가 스파이 같고 내가 이쪽 편에서 저쪽 편으로 넘어간 걸 그에게 들킨 것 같았다. 사실 재밌는 상황이었지만 그 이면에서는 심각한 일이었다. 저녁 식사 때 우리는 그 이야기를 했다. 간략하게. 나는 내가 혼자 다닌 것, 함께 구경하자는 느슨한 약속을 상의 없이 어긴 것에서 화제를 돌리고 싶었고 그래서 저녁 도시를 돌아다닌 일을 조금 이야기했고 욘은 이야기를 들었다. 나는 도시 외곽까지 갔다가 공업 지대를 지나 도심으로 돌아오는 경로로 산책했고 마지막에는 교회 탑에 올라갔었다. 그는 지루해하면서 딱 봐도 거리를 두고 이야기를 들었다. 그는 마치 이 모든 게 언급할 만한 가치가 없다는 듯 행동했고 그건 옳았다. 그는 기분이 상한 듯 보였고 내가 기분이 상했느냐고 묻자 그는 내가 무슨 비밀이 있는 듯 구는 게 신경에 거슬린다고 말했다. 그는 '상당히'나 '약간'이라고 말하지 않고 그냥 이렇게 말했다, 당신이 무슨 비밀이 있는 듯 구는 게 신경에 거슬려. 그리고 나는 말했다, 내가 무슨 비밀이 있는 듯 구는 건 트라우마야. 트라우마에서 비롯한 거야, 미안해.

나는 말했다, 나는 우울증을 앓는 아버지를 둔, 트라우마를 입은 아이야, 우리 가족은 정신 나간 사람들이야, 나는 다양한 정신병 증상을 세상에 숨겨야 해, 적어도 나는 내가 그래야 한다고 생각해.

나는 이렇게 혹은 비슷하게 말했고, 설명을 위해 두세 가지 디테일을 추가했다. 정신병원에서 아버지가 자해한 일, 자살, 할머니의 병. 나는 요약해서 말했다. 나는 당연히 욘과도 내 가족에 대해 이야기한 적이 한 번도 없었고, 욘도 나와 자기 가족 이야기를 한 적이 없었다. 나의 가족에 있는 심연만큼 뚜렷하지 않을지는 몰라도 그의 가족에도 분명코 이런저런 심연이 있었다. 어쨌거나 그는 어린 시절과 각인 사이의 관계를 알고 있었을 텐데, 내게는 그 관계가 이 순간에 비로소 명확해졌다. 무슨 비밀이 있는 듯 구는 나의 태도와 내 어린 시절의 어두운 방들 사이의 관계가 이 지방 호텔에서 비로소 명확해졌다. 정확히 내가 그것을 말하는 동안에, 여러 순간에 걸쳐. 나는 온에게 이렇게 그 정보를 알려 주었다는 사실에 그에게 분노를 느꼈음이 분명하다. 아니면 내가 그를 신뢰했던가. 내가 그를—정말로—신뢰했던가. 나는 다른 소위 친구들에게, 모든 선택가족에게 그 모든 여름에 이야기하지 않았던 걸, 마르코에게도 이야기하지 않았던 걸 온에게 이야기했다. 나는 무슨 비밀이 있는 듯 군다는 비난에 나의 비밀을 이야기했다.

온은 그것을 받아들였다. 그는 속눈썹을 움찔하지 않았다. 그는 앞서 시외로 빠지는 도로들을 묘사하던 말을 들을 때처럼, 예사로운 태도로 비밀을 경청했다. 사실 그는 마치 내가 완전히 다른 걸 말한 것 같은 얼굴을 했고 어쩌면 내가 한 말을 다시 물릴 기회를 주려 했을 수도 있다. 다시 한번 달리 생각할 기회를. 마치 그는, 만일 내가 부탁한다면, 방금 당신이 한 말을 잘 듣지 못했다고 말할 것처럼 보였다.

하지만 나는 내가 한 말을 물리지 않았다.

그러다 식사가 왔고 우리는 와인을 한 잔 더 주문하고 후추갈이와 소금 뿌리개를 기다렸다. 생수 한 병 주세요. 그런 다음 우리는 다른 주제에 대해 말했다.

오늘날까지 온은 나의 어린 시절에 대해 한 번 더 물

어보지 않았다. 오늘날까지 나는 나의 어린 시절을 한 번 더 언급하지 않았다. 하지만 나는 자주 그 생각을 한다. 내가 욘에게 나에 관해 중대한 이야기를 했으며 그렇지만 놀랍게도 무엇 하나 변한 게 없다고 또는 혹 변화가 있더라도 어쨌든 실상으로 드러나지는 않는다고 나는 자주 생각한다. 그리고 이것이 좋은지 혹은 덜 좋은지 나는 자문한다. 그날 저녁부터 더 이상 비밀이 아니었으며 이제부터 더더욱 비밀이 아닌 나의 비밀을 욘이 의식에서 억압했을지 나는 자문한다. 그렇다고 생각하면 나는 거의 유쾌해진다. 억압을 전달한다, 반사적으로 떨어뜨린다, 나는 그의 손에 뜨거운 석탄을 건넨 것이며, 그는 그걸 떨어뜨렸다.

오늘날에도 그는 그걸 알고 있을까.

아니면 그는 정말로 놀라서 말할까. 아. 나한테 그 이야기를 했다고? 하나도 기억이 안 나는데.

그가 만일 그걸 아직 알고 있다면 그 이후 몇 달이 흐르는 동안 물어봤어야 하지 않을까? 묻고, 캐묻고, 흔히 하는 말로—강에 떠내려가는 비밀을 향해 낚싯바늘을 던져 그걸 잡아 찾아오고 검은 물에서 꺼내 때려죽이고 물어봤어야 하지 않을까. 아니면 그는 딱 적절한 일을 하는 걸까, 그러니까 비밀을 받아서 넣어 두는 걸까. 날 위해 그걸 넣어 두는 걸까. 하지만 물어본다고 해서 비밀이 변하는 것도 아니고, 무게가 줄어드는 것도 아닌데. 어쩌면 이 일들을 그냥 두는 편이, 묻지 않는 편이, 있는 그대로 놔두는 편이 나을지도 모른다.

이런 생각에 잠긴 동안 나는 여기 책상에 앉아 있고 인형이 고정된 눈빛으로 나를 관찰하고 있다. 인형은 전등 아래서 빨간색 원피스를 입고 자신의 작은 의자에 앉아 있고 책들과 함께이며, 컴퓨터 주위와 침대 옆과 부엌 식탁 위와 계단에 무더기로 쌓인 책들은 나의 간택을 받기를 참을성 있게 기다리고 있다. 내가 책 한 권을 펼치고, 이 책에서 참조하라는 다른 책을 또 찾아보고, 참조 지시 사이에 숨겨진 연약한 징표를 발견하기를 기다리고 있다.

    우연과 직감.

    나는 자라 키르슈, 토베 디틀레우센, 게르브란트 바커르를 읽고, 라르스 구스타프손과 존 업다이크와 크리스토프 란스마이어를 읽고 글쓰기에 관해 숙고하고, 그러는 동안 나는 지금 내가 거의 오로지, 쓰지 않을 혹은 쓰지 않은 이야기들에 대해서만 쓰고 있다는 사실을 깨닫는다. 이는 과제와 완전히 배치되며, 그럼에도, 혹은 바로 그래서, 대답을 하려는 시도이기도 하다. 만약 이야기 속 사유가 서로 다른 두 입장을 표현하는 것이라면—글쓰기란 보여 주기다, 글쓰기란 숨기기다—나에게 그것은 이 반대되는 두 입장 사이에서 곧은길을 유지하는 것이다. 모든 이야기는 시작을 향해 가는 역행적 운동이며, 중심 주위로 층을 쌓는 일이다. 자기 이야기뿐 아니라 다른 이들의 이야기도, 아마 다른 이들의 이야기가 훨씬 더 그러리라. 나는 다른 이들의 이야기를 읽고 거기에서 벗어나 나 자신의 목소리로 돌아온다. 그런데 나 자신의 목소리는 다른 이들의 목소리가 없다면 전혀 들리지 않을 것이다. 존 번사이드는 《권력자들이 손대고 싶어 하지 않을 곳》*에서 말한다. 층층이 쌓인 시는 분위기를 조성하고 도덕적 자양분을 만든다고. 내 생각에 우리는 이 자양분으로 나날을 통과한다. 팬데믹의 해에 어쨌든 전에 없이 명확하게 나날을 통과하

---

* 존 번사이드가 베를린에서 한 강연을 책으로 낸 것이다. W. H. 오든이 윌리엄 버틀러 예이츠를 추모하며 쓴 유명한 시의 구절(where executives would never want to tamper)에서 제목을 따왔다.

고 있다. 나는 책상 앞에서 하루를 보낸다. 밖이 아직 어두울 때, 자라 키르슈가 표현하듯, 나를 위해 아침의 어둠을 일컫듯, 더 이상 아님과 아직 아님 사이에서 아주 이른 하루를 보내기를 좋아한다. 이어서 태양이 지평선 위로 굴러온다. 나는 독서용 안경을 벗고 밖을 바라본 다음 다시 안경을 쓰고 노트북 화면을 본다. 나는 자주 안경을 벗고 오래도록 창밖을 내다본다. 책상이 있는 방은 크고 거의 비어 있으며 때때로 나는 일어나 방 끝까지 갔다가 다시 책상으로 돌아온다.

나는 차를 마신다.

나는 차를 몇 주전자 끓이고 찻주전자 보온기의 초를 갈고 일본 향을 태운다. 나는 작은 불꽃으로 기분을 확 전환한다. 라이터와 성냥과 연기로. 나는 방해 금지 모드로 설정한 전화기의 디스플레이를 보고, 참지 못하고 그 메시지들을 읽는다. 사진들, 이미지들, 동영상들, 인사들, 코비드를 알리바이로 삼은 나의 격리 생활과 아주 멀리 떨어진 타인들의 삶의 시퀀스들. 중간중간에 집배원이 온다. 이웃 여자가 온다. 쓰레기 수거차가 온다. 나는 시 두 편을 읽는다. 우엘벡의 《쇼펜하우어를 마주하며》 한 페이지, 바커

르의 《야스퍼르와 그의 종》 한 챕터, 토베 디틀레우센은 낮에는 안 읽고 아침과 저녁에만 읽는다. 업다이크도. 나는 뭘 먹는다. 나는 전화를 한다. 나는 차를 타고 지방 도시에 있는 욘의 아틀리에를 찾아간다. 아틀리에에서는 성과 시장 광장이 내다보인다. 내가 들판과 하늘을 향해 트인 전망의 고독 속에서 가끔 잊는 것이 내다보인다.

   사람들이다.

   우리는 의자 두 개에 나란히 앉아 이 사람들을—마스크를 쓴 채 자전거를 타고 대개 빗속에 있다—내다보고, 우리는 이런저런 일에 대해 조금 이야기한다. 성에 딸린 공원의 물총새. 올라가고 내려가고 올라가는 숫자들. 우리 아이들이 팬데믹을 어떻게 대하는지, 욘은 자녀를 셋 두었고 이와 관련해 할 이야기가 많다. 이런저런 책—그는 북유럽 작가들을 선호하고 미국 문학은 꺼리기에 나는 그와 업다이크에 대해 대화할 수 없다—, 날씨, 빛, 시작되는 새해.

커피 한 잔 더 할래.
   응. 좋지. 마지막으로 조금만 더.

이런 오후들―팬데믹의 오후들, 그리고 나는 우리 주위에서 세상이 뒤흔들리는 동안에 욘의 방에서 누리는 이 비사회적인 평화의 대가가 무엇인지 자문한다―중 어느 오후에 욘이 느닷없이 이 문장을 말한다. 우리 이제 터놓는 게 어떨까. 그가 하려는 말은 이것이다. 우리 이제 마음을 터놓는 게 어떨까. 서로 심중을 털어놓기, 솔직해지기, 상대방과 자기 자신에 대한 신뢰의 문제다. 이런 특이한 제안을 한 계기는 베를린의 내 서재에 있는 책상을 찍은 사진으로, 전날 저녁에 나는 보관함에서 그 사진을 찾아 왓츠앱으로 그에게 보내 주었다. 내가 사진을 보낸 건 책상 위에 걸린 그림에 관해 이야기하고 싶은데 그림을 말로 설명해 주기에는 내가 너무 게을렀기 때문이다. 욘은 내 베를린 집을 모른다. 나의 비밀을 제외하면, 그는 베를린에서의 내 생활에 대해 아는 게 거의 없다. 그래서 나는 망설이며 사진을 보냈다. 나의 세계야.

내가 사진을 보고 무슨 생각을 했느냐고 묻자 그는 경악했다고 대답한다.

정확하다―그는 정곡을 찌른다.

욘이 경악한 것은 내가 뜬금없이 내 세계의 디테일 하나를 보여 주었기 때문이다. 나는 내 책상 사진으로 그를 경악하게 했다. 내 생각에 그건 딱 맞는 표현이다. 나는 그가 경악하는 게 당연하다고 생각한다. 내가 흥분하는 데 당황해서 그는 이 말을 일단 취소했다가 달리 표현하고자 하지만—경악이라기보다는 놀라움이었다고—너무 늦었고, 그래도 그것은 적절한 말이다. 모든 가능한 말 중에 경악이 딱 맞는 말이다. 모든 책은 당신에게 그런 경악을 전달한다. 하지만 모든 책은 거리를 지키며, 신중하게 경악을 완화한다. 이 거리가 상상력이다. 이미지를 스스로 선택하는 일. 그리고 대상의 유동성—나는 책을 탁 덮는다. 읽기를 중단한다. 책을 다시 펼치고 계속 끝까지 읽는다. 나는 지방 호텔에서 밝힌 내 비밀을 다루는 욘의 태도가 책에 든 비밀을 다루는 태도와 비슷하다고 생각하고 싶다. 나는 책을 읽을 때 책에 든 비밀을 받아들인다. 나는 비밀을 넘겨받는다. 그리고 그것을 간직한다. 우리 이제 터놓는 게 어떨까 하고 욘이 말한 데는 그 이유도 있을지 모른다. 사실 그는 이렇게 말하고 싶었던 것이다. 경악은 지나갔다고, 뒤이어 다정함이, 이어서 사랑이 온다고.

그는 그것을 꽤나 확신한다.

내가 묻는다, 터놓는 법을 아는 거야. 어떻게 하

는지 아는 거야.

그가 단호히 말한다, 알지, 알고말고.

나는 말한다, 좋아. 난 모르거든.

나는 이야기를 쓸 때 터놓을까.

혹은 닫을까.

이야기를 쓰는 일은 고통스러우며 이야기의 첫 문장을 감싸 놓는 것은 힘든 작업일까, 아니면 그것은 기쁘고 즐거우며 결국엔 선물일까. 좌우지간, 내가 어떤 이야기를 터놓으면 그 이야기는 어쨌든 끝난 것이다. 내가 이야기를 터놓고, 내가 안다고 여기는 것을 이야기가 알리고 나면 어떤 면에서 나는 그 이야기에 더 이상 관심이 없다. 어떤 불행, 어떤 사건을 조마조마하게 기대하는 일, 세계의 확장을 기다리는 일이 이야기의 원동력이다. 터놓는다는 건 도착한다는 뜻일 수 있다. 욘에게 물어봐야겠다, 그는 흰히 아니까. 도착―피날레―은 이야기 밖에서만, 이야기가 끝나고 한참 뒤에 일어난다. 나는 모든 이야기가 열린 결말을 가진다고, 열린 결말이 이야기의 본질을 이룬다고 주장하고 싶다. 내가 좋아하는 이야기들은 열린 결말을 가졌다. 카버의 〈춤추지 않을래〉

에 나오는 여자애, 헤밍웨이의 〈무언가의 끝〉에 나오는 남자애, 업다이크의 〈가기에 너무 먼〉에 나오는 리처드, 투르게네프의 〈덜거덕덜거덕〉에 나오는 서술자, 모든 인물들이 마지막에 손을 든 채, 빈손으로 서 있다.

그 뒤는 어떻게 될까?

터놓기의 가능성은 이야기에서 꼭 발생한다. 결국 아무것도 아닌 암시, 목적 없는 깨달음, 생각 혹은 의식의 가물거림. 카버의 〈춤추지 않을래〉에 등장하는 여자애는 그걸 표현하고자 애쓴다. 그녀는 모두에게 말했다. 더 할 이야기가 있었고 그녀는 속에 든 것을 전부 털어놓으려 애썼다. 얼마 후 여자애는 그 시도를 관두었다. 헤밍웨이는 이걸 제목으로 삼았다. 'End of Something' '무언가의 끝'. 무언가의. 나는 카버의 여자애가 어렴풋이 느끼는 게 무엇인지 알 것 같지만 그것을 일컬을 수 없거나 일컫고 싶지 않다. 나는 헤밍웨이의 남자애가 더는 즐겁지 않아라고 말할 때 그 말뜻을 어렴풋이 느낀다. 모든 단편을 통틀어 최고의 단편 중 하나인 〈덜거덕덜거덕〉에 나오는 서술자의 공포는 죽음에 대한 공포이며 그것은 형언할 수 없는 것으로 남는다.

터놓기란 무언가를 그 불명확성에서 꺼내는 일, 늑대를 빛으로 데려오는 일이다. 이 무언가가 정확히 무엇인지 설명한다면, 추측건대 늑대를 쏴 죽이는 일이 될 것이다. 그걸 포기하면 늑대는 안전해진다. 늑대는 생명을 유지한다.

내 여섯 번째 책*의 여성 서술자는 마지막에 자신의 집 뒤에서 달개지붕 아래의 덫을 연다. 그 안에 무엇이 있는지는 불분명하다. 나에게조차 불분명하다. 하지만 나는 그것을 예감한다. 혹은 달리 표현하자면, 나는 그것을 안다. 그러나 나에게는 그것을 표현할 말이 없다. 무엇이 되었든 그것은 나올 것이고, 모습을 드러낼 것이고, 보일 것이다. 서술자는 책 밖에서, 책이 끝난 후에 그것을 보고 이해할 것이다. 나는 그것을 볼 것이다. 나는 그것을 보았다. 그리고 만일 너그러운 독자라면, 독자 역시도.

그다음엔?

터놓기는 절대적으로 위험하다. 삶에서나 글쓰기에서나 읽기에서나. 비록 읽기에서는 지연되었을지라도. 욘이 그걸 알까. 내가 그에게 한 번 더 알려 주

---

* 2021년에 출간된 장편 소설 《우리 집》을 가리킨다.

어야 할까. 아니면 그는 이미 스스로 알게 되었을까.

나는 지난 생일 중 한 번을 아버지와 함께 보냈다. 나의 마흔아홉 번째 생일이었다. 생일 전날 저녁에 우리는 같이 도이체스 테아터로 〈세일즈맨의 죽음〉 공연을 보러 갔다. 아버지는 내 생일 선물로 연극 관람을 시켜 주기를 원했고 나는 그 선물을 받아들였다. 실은 내가 같이 극장에 가는 게 그에게 선물을 주는 거라는 게 뻔했지만. 어쨌거나. 우리는 매진된 극장에서 네 번째 줄 가장자리에 앉아 있었다. 젊은 연출가의 공연이었는데 오려 만든 듯한 인물들의 그림자, 회전하는 무대, 암전 속에서 들리는 어린이들의 목소리 등 연출가의 발상은 뭔가 학생 연극 같으면서 호감이 갔다. 나는 삼십 년 전에 도시의 다른 부분에 있는 다른 극장에서 이 극을 본 적이 있었고 그때 하염없이 눈물이 터진 나머지 출구를 찾느라 애를 먹었던 기억이 났다. 무엇 때문에 내가 울었던가? 나는 극장에서 아버지 옆에 앉았고, 삼십 년 전의 다른 저녁으로 이끌어 줄 수 있을 붉은 실을 손에 쥐고 있었지만 실은 가닥가닥 올이 풀리고 말았다. 다시 한번 눈물이 찾아왔다. 마지막에. 윌리의 폭발, 자기 자신에 대한 간절한 묘사. 나는 누구인가. 아버지는 주의 깊게 연극을 봤지만 몰입하지는 않았다. 나중에 그는 말하길, 배우들의 말소리가 본인 생각에는 너무 작았다고 했다. 내가 아는 한에서 그는 울지 않았다. 정신병원에서 보낸 세월은 꼭 영원히는 아니어도 오래도록 그에게서 눈물을 몰아냈고, 아버지는 사실 눈물이 마를 만큼 다 운 상태였다. 관객이 기립 박수를 치려고 일어섰다. 우리는 한동안 빈 줄에 앉아 머물렀다. 그러다 우리도 나갔다.

그날 저녁은 따듯했다. 늦은 시각은 아니었으나 우리가 극장을 나올 때는 벌써 어두웠다. 우리는 와인을 한잔하고 뭘 좀 먹기로 했다. 오늘날까지 아버지와 함께 식사하는 건 내게 힘든 일이다. 그가 전적으로 수준이 높으면서 소박한 음식을 선호한다는 사실은 아예 차치하더라도 말이다. 그것은 성립하기 어려운 조합이다. 우리는 프리드리히 거리를 오래 걸었다. 그곳에는 간이식당, 인도 베트남 퓨전, 케밥 가게, 트라토리아 등 식당이 연이어 늘어서 있었고 아버지는 결정을 내리지 못했다. 이 식당은 사람이 너무 많고 저 식당은 사람이 너무 없고 다른 식당은 너무 정통 스타일이고 또 다른 식당은 너무 트렌디하고, 결국 우리는 '카이저스'에 가게 되었다.

'카이저스'는 투홀스키 거리에 있는 술집이다. 특별한 술집은 아니다. 그곳이 이십 년 전부터 있었으며 그 세월 동안 변하지 않았다는 게 특별하다면 특별한 점일 수 있겠다. 목재 바 테이블이 있는 L자 모양의 공간, 낮은 창문들 옆에 군데군데 모인 의자들, 안정적으로 닳은 탁자들. 창밖으로 보이는 거리와 길 맞은편의 보수되지 않은 집, 내가 자주 다니던 클럽으로 통하는 일 층 문 위에 걸린 반짝이는 줄 전구의 모습이 혹 보기 좋을지도. 작은 메뉴판과 소박한 와인과 이런 장면에 전형적인, 첫인상은 특색 없어 보이지만 다시 보면 돌연 곤혹스러울 만큼 매력적인 웨이트리스. 우리는 창가 구석 자리에 앉아 레드 와인을 주문했고 아버지는 메뉴판을 이리저리 넘겼다. 나는 이십 년 전에 '카이저스'에서 몇 번 저녁을 보낸 적이 있었고 길 맞은편 건물에서는 수없이 많은 저녁을 보냈었다. 클럽에서, 마당에서, 유대교 회당의 둥근 지붕이 보이는 옥상에서. 그 건물에는 아다의 선택가족에 속하는 사람들이 살았었고 내가 알기로 그들은 여전히 그곳에 살고 있었다. 나는 창문을 올려다보며 무언가 산만한 것에서 해방된 느낌을 받았고 그동안 아버지는 메뉴판을 뒤적거리더니 결국에는 의욕 없이 채소와 영계 요리를 골랐다. 그 시각에는 그리고 내 생각에는 무거운 식사였다.

넌 뭘 먹을 거냐?

올리브를 곁들인 빵요.

마치 이 선택 뒤에 자신에게 보내는 어떤 메시지가 숨어 있으며 내가 부주의한 탓에 새어 나온 그 메시지를 자신이 아주 잘 알아차린 것처럼 아버지는 나를 힐끗 보았다. 이러한 도발은 내게 익숙했고 나는 거기에 신경을 껐다. 나는 더 이상 거기에 말려들지 않을 만큼 충분히 나이를 먹었다. 나는 그걸 그냥 놔둘 수 있었다. 와인과 물 한 병이 왔고 우리는 서로 잔을 부딪치고는 연극, 배우들, 아서 밀러, 연출에서 보이는 허영, 변함없는 술집, 길 맞은편의 건물에 대해 조금 이야기했다. 대화는 처음에 삐걱거리다가 나아졌다. 식사가 나왔는데 예상대로 아버지에게 너무 많은 양이었다. 그는 내 접시에 닭고기를 좀 덜었고, 나는 그가 알아차리지 못하게 그것을 도로 그의 접시에 놓았고, 그러자 그는 음식을 전부 먹어 치웠다. 우리는 와인을 더 주문했고, 아버지는 자신의 어린 시절 생일들에 대해 이야기했다. 베를린 첼렌도르프, 발트

휘터 길 13번지, 그의 아버지는 당연히 부재했고 어머니는 저녁때에야 일을 마치고 돌아왔다. 밤이 되면 그들은 집 앞 계단에 앉아 연합군*의 불꽃놀이를 기다렸다. 7월 4일. 나의 아버지는 그 불꽃놀이가 자신을 위한 거라고 오래도록 믿었노라고 말했다. 오직 자신을 위한, 어머니의 선물, 그것도 유일한 선물. 그 불꽃놀이가 자기와 조금도 관계가 없다는 걸 안 건 일곱 살 때였을 거라고 했다.

그는 말했다, 맞아. 그랬지. 그랬었지.

그는 중간중간 자꾸 시계를 봤고 자정이 가까워지자 불안해지더니 자신의 해진 가죽 가방 안을 뒤적거리기 시작했다. 바 테이블에는 아직 손님 두 명이 앉아 있었고, 바텐더가 마지막 잔들을 씻고 불빛을 낮추고 음악 소리를 아주 작게 줄였고, 웨이트리스가 거리에 있는 의자와 탁자를 모아 정리했다. 아버지가 말했다, 늙는다는 건 영웅적인 일이다. 너의 늙음이 아니라, 너의 늙음과 필연적으로 연결되는 나의 늙음 말이다. 늙는다는 건 영웅에게 걸맞은 일이야.

---

* 2차 세계 대전 때 추축국인 독일, 이탈리아, 일본과 싸운 연합국의 군대를 가리킨다.

나는 말했다, 그렇게 여기는군요.

그래, 아버지가 말했다, 나는 그렇게 여긴다. 그리고 너도 늙으면 그렇게 여길 거다. 너는 날 생각할 거다. 그건 끔찍한 일이야. 절대적이고 황당무계한 부조리지.

그는 다시 가방으로 몸을 숙였고, 나는 그가 자정에 그냥 생일을 축하하며 나와 잔을 맞부딪치는 게 아니라 작은 생일상을 차리려는 걸 알아차렸다. 나는 바 테이블에 있는 두 사람을, 바텐더를 바라보았는데 아무도 이쪽을 건너보지 않았다. 아버지는 으깨진 미니 번트케이크와 받침 접시를 가방에서 꺼내더니 케이크에서 플라스틱 비닐을 번거롭게 벗긴 뒤 케이크를 조심조심 받침 접시에 놓았다. 나는 한순간 이 상황이 견딜 수 없다고 느꼈다. 괴롭고 민망하다고. 나는 부끄러웠다. 얼마 후 그 감정은 지나갔다. 부끄러움은 잦아들고 흐려지더니 돌연 사라져 버렸다. 나는 몸을 뒤로 기대고 그가 초의 포장을 풀고 케이크에 초를 꽂고 신문지에 싼 슈납스 잔을 꺼내고 꺾여 있는 귀여운 작은 꽃다발을 잔에 꽂는 모습을 지켜보았다. 내가 보기로는 아마 부모님의 발코니에서 자라는 꽃들로 만든 것 같았다.

바이올렛 뿔팬지.

물망초.

풀.

그의 손이 떨렸다. 그는 고개를 비스듬히 하고 모든 걸 살펴보더니 케이크를 약간 앞으로 밀었다가 다시 뒤로 밀었다. 이 일이 그를 행복하게 한다는 게 눈에 보였고, 나는 아버지가 '카이저스'에서 내게 마지막 생일상을 차려 주는 것일 수 있으며 어쩌면 두 번 다시 내 생일을 축하해 주지 않을지 모른다고 생각했다.

나는 생각했다, 우리는 그걸 몰라.

우리는 그걸 모른다.

그는 포장한 책을 케이크 옆에 두고 초에 불을 붙였다. 자정이었다. 그가 잔을 들었고, 나도 잔을 들었다.

나중에 우리는 완전히 인적이 없는 밤의 도심을 지나 프리드리히 거리 역으로 갔다. 살짝 취한 채, 평화로이, 어쩌면 우리의 부녀 관계는, 내 평생 지속되는 우리의 관계는 그날 저녁에 가장 평화로웠을지도. 나의 생일이 이제 막 시작되었고, 아버지와의 만남을 이미 완수했다는 사실에 나는 기분이 홀가분하고 마음이 놓였다. 어쨌거나, 우리는 한마음으로 옛 곡물 창고 구역을 지나갔고 자꾸만 멈춰 서서 가로등 불빛 아래서 금색 추모 포석*에 있는 이름을 해독하여 소리 내어 읽었다.

에프라임 아들러플리겔.

페를라 아이지히 섀흐터.

모세크 프라이덴베르크.

쿠르트 포이어링.

우리는 그들의 생일과 사망일을 견주고, 그들의 연령을 계산하고, 그들이 태어난 곳과 그들이 살해된 수용소의 이름을 말했다. 우리는 그렇게 이름과 기념일을 말하면서 우리 자신의 이야기를 놓아주고 우리 자신의 이야기에서 사라지고 더 큰 전체의 부분이 될 수 있었던 것일 수도 있다. 자신을 망각한 죄지은 증인들, 그리고 우리는 아커 거리, 클라이네함부르거와 그로세함부르거 거리, 투홀스키 거리에서 단둘이면서 함께인 동시에 안전하게 있었다. 그러고 나서 프리드리히 거리 역에 도착했고 나는 아버지를 먼저 떠

---

* 나치 시대에 희생된 사람들을 추모하기 위해 길거리 군데군데에 박아 넣은 포석.

나보냈다. 그는 객차 안에 서서 반쯤 웃었고 문이 닫히고 열차가 그를 싣고 떠났다. 나는 다른 방향으로, 도시 북동쪽으로 가는 광역 전철을 오래 기다렸고 집에 가서 내 선택가족과 함께 생일을 맞이했다.

그렇다.
 이런 식의 장면들.
 욘이 지방에 있는 그의 아틀리에에서 어릴 때 꾼 꿈 이야기를 들려준다. 말 한 마리가 창문을 통해 그의 방을 보는 꿈을 꾸었다고 한다. 욘은 말한다. 그 자체로는 별일 아니지만 꿈속에서 그는 어린이방 창문이 사 층에 있으며, 따라서 말이 안을 들여다보는 일은 있을 수 없으며, 그럼에도 만약 말이 창문을 통해 보았다면 그것은 이 말이 비정상적으로 크다는 뜻이고, 만약 말이 비정상적으로 크다면 세상이 혼돈에 빠지고 미쳐 버렸다는 뜻이라는 것을 슬로 모션으로 생각하려 애썼다고 한다.
 그리고 난, 욘이 말한다, 그 세상과 함께이고.

나의 아버지는 암사자가 침실에 들어오는 꿈을 자꾸만 꾼다. 칸트 거리에 있는 작은 집의 작은 방으로 틀림없이 암사자가 들어와 부드럽고 큰 앞발을 문손잡이에 얹고, 사자의 앞발이 문을 연다.

나는 작디작은 살아 있는 새, 그러니까 솜털이 보송보송한 굴뚝새, 작은 겨울새 한 마리가 핸들에 단단히 묶인 자전거에 내가 앉아 있는 꿈을 꾼다. 자전거 조명의 불빛 속에 있는 도시. 아스팔트. 괴로워하는 것이 역력한 작은 새.

팬데믹이 시간과 기억의 구조를 영영 바꿔 버리기 전인 2020년 1월에 나는 여섯 번째 책의 마감을 위해 브르타뉴로 내 편집자 외르크 봉을 찾아가 일주일간 머무른다. 앞선 편집 과정에서는 작업이 끝난 후에야 아팠는데 그때와 달리 이번에는 작업 전에 아프다. 극심한 편두통, 메스꺼움, 열, 절대적인 무기력, 나는 손님방 침대에 누워 있고 내가 어쩌면 죽는가 보다고 생각한다. 이게 뭘까—이별의 아픔, 분리, 불안의 표현, 실패. 다시처음부터, 무언가가 나누어지고 다시 합쳐진다. 나는 사흘간 아프다. 그런 다음 나는 침대에서, 방에서 더듬더듬 나오고, 우리는 조심스레 작업을 시작하고, 나는 차를 마시고 사과 한 알을 먹는다.

우리는 인트로를 해낸다. 오후의 산책. 저녁에 우리는 차를 타고 시내로 들어가 식당에 가고, 나는 흰치즈와 호두를 먹을 수 있다. 나는 더디어도 괜찮고, 외르크는 참을성을 보인다. 우리는 1월 말에 책을 마감한다. 마감이라니 이상한 표현이다. 책은 이 시점에 아직 '덫 I'이라 불리니까. 우리는 동틀 무렵 출발한다. 외르크는 나를 렌 역으로 데려다주고 나는 기차로 파리까지 가서 몽파르나스에서 파리 북역으로 갈아타는데 운송 회사가 파업을 한다. 나는 택시를 타고 싶지 않아 대체 버스를 타고 정체 속에서 두 시간 동안 서 있다. 버스는 지금껏 한 번도 겪은 적 없는 만원 상태다. 나는 두 여자 사이에 끼여 눌린다. 우리는 다닥다닥 붙어 서 있고 거리를 두는 건 불가능하다. 얼마 후 우리는 그것을 깨닫고 모든 걸 놔버리고 우리 몸을 내맡긴다. 나는 턱을, 이어서 뺨을 내 앞 여자의 어깨 위에 올리고 내 뒤 여자는 무겁고 따뜻하게 내 등에 몸을 의지한다. 무슨 퍼포먼스 같다. 이것은 항복이다. 뒤이어 올 일을 돌이켜보면 거의 고통스러울 만큼 아름다운 극한 경험.

2월에 독일에서 바이러스가 나타나고, 내 아이가 말한다. 바이러스가 베를린에 오면 시골로 갈래.

이 말을 할 때 아이는 제 아버지의 부엌에서 탁자 앞의 바스락거리는 고리버들 의자에 앉아 있고 밖에는 눈이 내린다. 3월의 록다운. 아무도 시골로 가지 않는다. 내 아이는 제 여자 친구와 가장 친한 남자 친구와 함께 다락방에 올라가고 세탁실에 탁자와 의자들을 두고, 그들은 오래된 군용 외투를 상자에서 꺼내고 천창 아래 앉아 와인병 안에 촛불을 붙인다. 나중에 그들은 이 저녁들을 결코 잊지 못할 거라고 말한다. 다락방에 있는 아이들의 모습에는 시적 정취가 있다. 그것은 의심스러우며 나를 당혹스럽고 부끄럽게 한다. 어떤 날들에 나는 소독제 병을 들고 계단실을 돌아다니며 손잡이와 난간과 전등 스위치와 초인종을 닦는다. 바깥에서는 교통이 서서히 줄어들다가 끊겨버리고 아이 아버지와 나는 평소 늘 너무 소란스럽고 너무 먼지가 많던 발코니에 처음으로 앉아 있다. 우리는 맥주를 마시며 길 건너편 정신병원의 지붕들 위로 달이 떠오르는 광경을 지켜본다. 어찌나 고요한지 나무들 속에서 밤꾀꼬리가 노래하는 소리가 들린다. 나의 집이 있는 북쪽 군郡은 경계를 폐쇄한다. 욘이 메시지를 보낸다. 노루들이 정원에서 자고, 토끼들이 집에 들어와.

봄의 시작.

나는 조피엔슈태트 묘지에서 부모님과 만난다. 나는 접의자 하나를 휴대하고 보온병에 차를 담아 왔다. 우리는 차가운 5월 햇빛 속에서 거리를 두고 삼각형으로 앉아 있다. 부모님은 벤치에 나란히, 나는 맞은편에서 접의자에. 묘지에서 만나는 건 아버지의 제안이다. 팬데믹은 그의 승리다. 팬데믹은 그가 이미 늘 알고 있던 걸 확인해 준다. 즉 삶은 죽음으로 향한다. 그리고 죽음은 질식사다. 우리는 손으로 허공을 잡을 것이며 아무도 우리를 붙잡지 않을 것이다. 팬데믹은 그가 늘 느끼던 타인들과의 거리를 드러내 보인다. 팬데믹은 그의 고독에 근거를 제공한다. 팬데믹은 그의 고독을 세워 두고 내보인다. 어머니는 아버지의 인질이다. 그녀는 이 만남을 위해 잘 차려입었다. 나무 구슬로 된 목걸이를 하고 어린애 같은 빨간 신발을 신고 있다. 그녀가 무의식적으로 나를 향해 몸을 숙일 때마다 아버지가 그녀를 뒤로 잡아끈다. 우리는 포옹하지 않고, 입을 맞추지 않는다. 우리는 거리를 유지하며 묘지를 거닐고, 자신의 일의 근거를 자기에 둔 막스 슈티르너*의 무덤까지 간다. 나는 아버지 역시 자신의 일의 근거를 자기에 두었으며 아마 나 역시도 똑같이 그리하고 있다고 생각한다. 내가 원하든 원치 않든. 그렇게 된 것이다.

그러고 나서 우리는 헤어진다.

7월에 숫자가 감소하고, 군郡은 경계를 다시 열고, 나는 바닷가에 있는 나의 집으로 간다. 나는 돌 틈에서 풀을 뽑고, 잔디를 깎고, 잠에 취한 뚱뚱한 거미들을 하나하나 집어 내보낸다. 그토록 오래 이곳을 비워두었던 것이다. 방에로게섬에서 열릴 예정이던 동생들의 합동결혼식은 취소된다. 부모님은 도시에 머무르고 아버지는 더 이상 집 밖에 나가지 않는다. 그는 어머니가 일주일에 두 번 그리고 특별히 살 물건이 있을 때 외출하는 것을 허락하고 인터넷으로 식료품을 주문하며 배송 온 물건을 오염 제거를 위해 48시간 동안 발코니에 보관한 뒤 치운다. 가끔 나는 드레휘스 박사에게 전화할까 생각하지만, 그러다가도 내

* 개인주의적 무정부주의를 주창한 독일의 철학자. '자신의 일의 근거를 자기에 둔'이란 표현은 슈티르너의 대표적인 저서인《유일자와 그의 소유》에 나온다.

가 가진 도구들을 떠올린다. 그것들을 꺼내 사용하는 법을 알 것 같다. 나는 드레휘스 박사에게 전화하지 않는다. 여름 별장은 계속 비어 있고 늙은 삼촌만이 자신의 방 세 곳을 들어갔다 나갔다 한다. 때로 오후에 나는 자전거를 타고 가서 정원에 의자를 놓고 앉아 햇볕을 쮠다. 우리가 단체 사진을 찍었던 장소, 친구들과, 금혼식 때 가족들과 사진을 찍었던 장소에서. 나는 그렇게 한참을 앉아서 이거나 저거나 지난 일이라는 걸 이해하려 애쓰다가 의자를 다시 헛간에 둔 후 차를 타고 나의 집으로 돌아간다.

여름이 지나고 팬데믹의 가을 물결이 일어날 조짐이 보이는 9월에 나는 다시 베를린으로 떠난다. 이번에 가는 게 한동안 마지막일 것이지만 나는 그 사실을 모른다. 아마 모르는 게 약이리라. 동생들은 두 주 전에 베를린에 함께 있었다. 그들은 내 집에서 지내다가 내가 도착하기 전에 접촉을 줄이기 위해 떠난다. 어머니가 사진 한 장을 보내 주었는데 사진 속 그들은 부모님의 발코니에서 작은 올리브 나무와 협죽도 사이에 앉아 있다. 나는 동생들을 못 본 지 오래되었다. 그 사진 속에서 그들의 모습은 좋아 보이지만 둘의 미소는 우울하거나 혹은 죄의식에 차 있다. 여동생은 무릎에 손을 포개고 있고, 남동생은 그 옆에 앉아 카메라를 향해 살짝 몸을 숙이고 있고, 그들 앞으로 파란 테이블보를 깐 탁자 위에 빛나는 빨간 버찌가 든 접시가 놓여 있다.

나는 전화로 어머니에게 이 사진을 언제 찍었느냐고 묻는다.

어머니가 헛기침을 한다. 그러고는 말한다. 아, 지난주였지, 네 동생들이 프랑스와 스위스로 돌아가기 전에 말이다.

한순간 나는 이 대답을 전혀 납득하지 못한다. 이해할 수 없다.

동생들이 마스크를 쓰지 않고 부모님의 발코니에, 팬데믹이 시작된 이후로 더는 아무도 발을 들여서는 안 되는 부모님의 집에 있다니, 어떻게 그럴 수 있지?

어머니는 딱 들어도 당황한 목소리로 해명한다. 아유. 그렇게 됐단다. 걔들이 근방에 왔었지. 원래 산책을 하고 싶어 하다가 그러는 대신 그냥 들렀어. 마스크를 쓰고 문 앞에 서 있었고 집 안에서 마스크를 착용했는데 발코니에서만 벗은 거란다. 버찌를 먹느라고. 공원에서 벤치 두 곳에 함께 앉아 있으나 발코니에서 거리를 두고 있으나 그게 그거잖니. 걔들이 오래 있지도 않았고. 삼십 분쯤 있었을까. 기껏해야 말이지.

어머니는 말한다, 너도 이제 우리 집에 오려무나. 너도 발코니에 앉아 있으면 되지. 요즘 같은 숫자면 괜찮아.

나는 말한다, 누가 그래요. 요즘 같은 숫자면 괜찮다고 누가 그래요. 아빠가 그러나요. 말도 안 돼요.

어머니는 말한다, 예외적인 일이지만 내 생각이란다.

나는 칸트 거리로 가서 마스크를 쓰고 문을 두드린다. 어머니가 문을 연다. 나는 꽃을 가져갔다. 금어초, 엉겅퀴, 카밀러. 우리는 그렇게 서 있고, 방문이란 게 어떻게 진행되는지 더 이상 통 모른다. 우리는 방문의 규칙들을 반년 안에 잊어버리고 말았다. 그러다 어머니가 내게 다가오고, 나는 꽃다발을 멀리 쭉 내밀고, 그녀는 그걸 받고, 미소를 짓는다. 우리 둘 다 아무 말도 하지 않는다. 그녀는 빼꼼 열린 침실 문을 가리키고, 방 안에서 아버지가 컴퓨터 앞에 앉아 체스를 두고 있다. 여섯 달 전부터 그는 쉼 없이 체스를 두는데 상대는 대개 한국, 싱가포르 혹은 인도 사람이다. 이어서 어머니가 들어오라고 손짓하고 나는 그녀를 지나쳐 짧은 현관과 거실을 통과해 발코니로 간다. 현기증이 인다. 이리저리 둘러보면서, 부모님이 몇 달 전부터 함께 틀어박혀 있는 공간을 인지할 시간은 없다. 오솔길 같은 인상, 탁자를 지나 발코니 문으로 그리고 발코니 밖으로 이어지는 자취, 부모님이 집 안의 특정 경로를 평소에도 그랬지만 더 자주 다닌다는 게 느껴진다. 나는 마루가 닳았다고 확신한다. 직접 볼 수는 없다. 나는 이 방을 헤엄쳐 통과해 마치 물가에 닿듯 발코니에 이르고 맨 뒤 오른쪽 구석에서 동생들도 앉았던 작은 벤치에 털썩 앉은 후 마침내 마스크를 벗는다.

탁자 위에는 파란 테이블보와 잔 한 개가 있고, 받침 접시와 커피 스푼은 없다. 나는 케이크를 가져올까 생각했다가 관두었다. 어머니가 나의 방문을 축하하기 위해 케이크를 만들 거라고 확신한 까닭이다. 팬데믹이 시작된 이후로 그녀는 적어도 꾸준히 빵을 만드니까. 보아하니 그녀는 케이크를 만들지 않은 것 같다. 보아하니 그녀는 버찌도 더 이상 구할 수 없는 것 같다. 어머니는 아버지를 발코니로 데려오고 두 사람은 발코니 문턱에 서서 놀란 눈으로 나를 바라본다. 이어서 그들은 맨 뒤 왼쪽 구석에서 내 맞은편에 앉는다. 아버지는 내가 온 것을 기뻐하는 기색이 역력하고 나는 마음이 아프다. 어머니가 아버지의 머리를 잘라 주었는데 그 모습이 늙은 아이 같다. 어머니는 나에게 아버지가 매일 아침 인터넷에서 숫자를 확인하며 숫자가 올라가지 않으면, 두 배, 세 배, 열 배가 되지 않으면 실망한다고 이야기한다.

아버지는 전 세계가 질식사하기를 원한다.

나는 말한다, 케이크 한 조각 없나 보군요. 아니면 아마 비스킷은 있겠죠. 그냥 마른 비스킷이라도.

어머니의 얼굴에서 핏기가 가시고 그녀의 손이 위로 올라간다. 어머니는 아버지를 바라보고, 아버지가 말한다. 안타깝게도 케이크는 없구나. 그는 묻는 듯이 이 말을 하고, 내가 왜 케이크에 대해 물어보는지 모르는 것처럼 군다.

그는 말한다, 비스킷도 없을 것 같은데. 하지만 커피는 있다. 우리가 커피를 끓였어.

아버지는 다시 일어나서 발코니를 나가고, 어머니가

말한다. 미안하다. 아, 정말 미안해. 우리는 케이크 생각은 전혀 안 했어. 아주 경악한 듯한 목소리다.

나는 케이크에 대해 물어본 것을 취소하고 싶은 마음이고, 부모님이 완전히 부담스러워한다는 걸 분명히 깨닫는다. 케이크란 아예 딴 세상, 몰락한 세상의 것이다. 그러나 너무 늦었다.

너무 늦었다.

아버지가 커피 주전자를 들고 돌아오고, 내 생각에는 일부러 불안정한 손길로 잔에 커피를 따른다. 나는 탁자 끝에 놓아두었던 그 잔을, 무언가로 측정한 시간이 지나고 다시 내게로 끌어온다. 부모님은 아무것도 마시지 않는다. 나는 우유도 설탕도 달라고 하지 않는다. 그들의 시선은 나에게 붙박여 있다.

어떻게 지내냐, 아버지가 말한다.

잘 지내요, 내가 말한다.

어머니가 세심하게 정성껏 돌보는 이 식물들은 부모님의 빛 없는 발코니에서 자라고 있다. 실은 부모님을 지나서, 그들 주위로 혹은 그들을 넘어서. 올리브와 협죽도, 꽃은 단 한 송이도 없이 거대한 잎을 가진 수국, 레몬이 없는 작은 레몬나무, 압도적인 꿩의비

름, 바질과 라벤더, 멜리사, 포장용 끈으로 작은 나무 막대에 단단히 묶어 둔, 흔들거리는 줄기에 달린 해바라기. 이 발코니에서, 이 식물들 사이에서 부모님은 온 여름을 보냈다.

가슴이 찡하다.

그래, 아버지가 말한다, 네 동생들 결혼식을 어떻게 할까.

동생들은 5월에 방에로게에서 열 예정이던 합동결혼식을 11월에 프랑스에서 치르기로 계획을 바꿨다. 그들은 아직도 파티를 계획 중이지만 하객을 절반만 초대했다. 그래도 마흔 명이다. 부모님은 이 결혼식에 참석하기 위해 여행을 떠날지 말지를 두고 몇 주 전부터 골머리를 썩이고 있다. 그리고 어떻게 가야 할지도. 만약 간다면 말이다. 일등석 기차를 타고. 나와 함께 밴을 한 대 빌려서 맨 뒷좌석에 앉아서, 그럼 내가 운전을 해서 유럽을 가로지르고 우리는 내내 마스크를 쓴다. 비행기를 타고. 아니면 그냥 숫제 가지 않는 편이 나을지. 21시가 지나고 와인을 두 잔째 마신 후 낙관적인 순간들에 아버지는 결혼식, 그것도 합동결혼식은 일생에 한 번밖에 없다고, 당연히 이 결혼식에 참석하겠다고 말한다. 어머니는 어떻게든 간에 가겠다고, 코비드고 나발이고 무슨 일이 있어도 가겠다고 말한다. 하지만 그러다가도 두 사람은 다시 망설인다. 그들은 움츠러들고, 잘 생각해 봐야겠다고 말한다.

내가 말한다, 두 분이 가실 생각이면 차로 모셔다 드릴게요.

아버지가 말한다, 왜 이 결혼식을 하필 지금 해야 하는 건지. 11월에. 이 끔찍한 해에, 네 동생들은 어쩌다 바로 올해 결혼할 생각을 한 건지.

나는 말한다, 점쟁이한테 물어봤는데 점쟁이가 날짜를 정해 줬어요.

어머니가 어깨를 들어 올린다. 하지만 그녀는 너무나도 느리다. 나는 점쟁이라는 단어를 말했고 더 이상 물릴 수 없다. 이어서 파국이 찾아오리라는 걸 결국 나는 안다. 나는 일부러 그 단어를 말했다. 나는 부모님이 케이크를 잊어서, 버찌가 없어서 그들을 벌하는 것이다.

무슨 점쟁이.

아버지가 어머니를 바라본다. 그는 그녀가 자기 말을 혹 알아듣지 못했을까 봐 그녀 쪽으로 몸을 숙인다.

무슨 점쟁이.

어머니는 모르겠다고 말한다.

당연히 그녀는 안다. 동생들이 인생에서 큰 결정을 내릴 때 점쟁이를 찾아가 물어보며 이 점쟁이의 대답을 곧이곧대로 믿는다는 걸 그녀는 잘 안다.

아버지가 나를 바라본다. 그가 말한다, 무슨 소리를 하는 거냐.

나는 말한다, 아무 소리도 아니에요. 물어보셔서 대답하는 거예요. 왜 이 끔찍한 해의 11월에 결혼식을 하는 거냐고 저한테 물어보셨고, 그 질문에 답한 거예요. 결혼식은 11월에만 가능할 거예요.

그가 말한다, 그러니까 네 말은 네 동생들이 제 인생을 점쟁이한테 결정하게 한다는 거로군. 이 경우에는 우리 모두의 인생을. 점쟁이의 지시대로.

나는 말한다, 그래요. 모나 아스트라의 지시대로 따르죠.

아버지가 어머니를 돌아보고 그녀는 얼굴을 돌린다. 아버지의 표정은 이제, 나는 달리 표현할 수 없는데, 명백히 증오로 가득하다. 나에 대한 증오로 가득하다. 우리 셋 모두는 한동안 아무 말도 하지 않는다.

그러다 아버지가 말한다, 네가 나한테 무슨 말을 한 건지 아니. 나한테 그걸 알려 줌으로써 내게 무슨 짓을 한 건지. 너는 네 여동생이 몸을 판다고 말할 수도 있을 거야. 네 남동생은 저 신나치당을 이끈다고. 나한테 어느 쪽이 더 나쁠지 모르겠다. 모르겠어. 점쟁이라니. 맙소사. 팬데믹 기간의 겨울에 프랑스에서 결혼식을 하라고 제안하는 점쟁이라니.

나는 잔을 집어 들고 커피 한 모금을 마신 뒤 잔을 다시 내려놓는다. 나는 내 심장박동을 느낀다. 실은 울고 싶은 심정이다.

나는 말한다, 점쟁이의 도움을 받아 인생을 헤쳐 나가는 사람도 있고, 숫자를 더하며 가우스와 케플러에게서 위안을 받는 사람도 있는 거예요.

아버지는 말한다, 네가 케플러에 대해 가르치는 말은 듣고 싶지 않다.

나는 말한다, 저는 케플러에 대해 가르치는 말을 한 게 아니에요.

소용이 없다. 그는 일어나서 발코니를 나가고 등 뒤로 발코니 문을 쾅 하고 닫는다.

어머니와 나는 조금 더 같이 앉아 있다. 사실 더는 말할 게 하나도 없다. 여기에서 더는 말할 게 하나도 없다. 우리는 도착하고 출발하는 열차 소리에 귀를 기울인다. 열차들의 삼화음 신호 소리가 자비니 광장 역에서 이쪽으로 들려오고, 우리는 침묵한다. 나는 멋진 여름을 보냈고, 어쩌면 어머니에게는 그걸 아는 걸로, 날 보고 그걸 알아차리는 걸로 충분할지 모른다.

그녀가 말한다, 이제 끝이네. 프랑스 여행은 이제 끝이야.

거의 홀가분하게 들리는 말이다.

내가 말한다, 네, 끝인가 봐요. 이제 좋은 이유가 되겠죠.

그녀는 말한다, 네 아버지가 이래서 미안하다.

나는 말한다, 미안해할 거 없어요. 더 이상 미안해할 거 없어요.

어머니는 조심스레 발코니 문을 열고, 우리 둘 다 집 안으로 귀를 기울이지만 집 안은 고요하다. 아버지는 침실에 틀어박혔다. 그는 더 이상 나타나지 않을 것이다. 그는 우리 셋 모두를 벌한다.

내가 말한다, 그래도 희망을 버리면 안 돼요.

어머니가 말한다, 그러고 있단다.

나는 다시 마스크를 쓰고 그늘진 서늘한 거실을 통과하고, 어머니가 다시 배열해 탁자 위에 둔 꽃을 곁눈으로 볼 수 있다. 엉겅퀴, 빛나는 카밀러, 꽃다발에 관해서라면 그녀는 다른 누구보다 정통하다. 나는 현관을 지나 문가에 멈춰 서서 어머니의 팔꿈치를 잠시 어루만진다. 마당에 내려온 나는 몸을 돌려 부엌 창문을 올려다본다. 그곳에 어머니가 서서 손을 흔든다.
늘 그렇듯이.

바깥의 거리는 비현실적으로 따듯하고, 아스팔트 여름 냄새가, 물담배 바의 향기로운 연기 냄새가 나고, 사람들이 식당 앞에서 서로 바짝 붙어 앉아 있다. 가족들과 커플들, 그들은 화이트 와인을 마시고 그들의 목소리는 늦여름의 온기에 만족해서 명랑하고 여유롭다. 어스름이 다가오고 태양이 높은 집들 너머로 가라앉는다. 동생들은 두 달 뒤 하객 없이 결혼한다. 마스크를 쓴 성직자가 주례를 보고, 그들은 결혼식 키스를 하기 위해 마스크를 벗어도 된다. 하루 뒤 프랑스 전역에 하드 록다운이 걸린다. 모나 아스트라가 나름대로 옳았던 것이다.

이걸 글로 써라.

　아버지가 하는 말—이걸 그냥 글로 써라.

　'이걸 이야기해라'라는 뜻이다. 이건 재미있고, 특이하고, 기발하거나 독특하니까, 이건 비유적인 의미에서 무언가 다른 것, 대단한 것에 대한 이야기니까. 그러나 이때 나에게 무언가 시급한 일이, 명백히 개인적인 일이 일어난다. 나는 아무것도 이야기할 수 없고, 일단 나 자신을 안전하게 만들어야 하며, 일단 나 자신을 지켜야 한다. 나는 스스로에게 묻는다. 이런 상황에서 언젠가 내게 다시 짧은 이야기를 쓸 의욕이 생길까. 이런 상황에서 언젠가 내가 다시 어떤 이야기를 생각하려고 하게 될까. 나는 부모님의 발코니에서 벌어진 상황을 여기에 글로 썼다. 하지만 팬데믹은 너무 가까이에 있고 그 상황을 너무 적나라하게 비추고 무언가 각성 작용을 한다. 마술적이지 않다. 지금은 그렇다. 그 한가운데에서는. 만약 우리가 팬데믹을 극복하고 살아남는다면, 만약 팬데믹이 끝나서 그러니까 고치가 되어 기억 속에서 바뀐다면, 만약 내가 팬데믹을 기억 속에서 바꿔도 된다면, 내가 다르게 느낄지도 모르겠다. 부모님의 발코니를 방문한

일에 관한 이야기를 쓰려면—이것은 하나의 이야기다, 나는 그걸 안다—팬데믹이, 나와 부모님 사이의 이야기가 하나의 끝을 맺어야 한다.

2020년의 이 길고 비현실적인 첫 코비드 겨울에, 나 자신에 의지하며 그리고 그럭저럭 이루어지는 욘과의 소통에 의지하며 그리고 점점 진지해지고 고독에 힘들어하며, 가끔 나는 아다에 대해 돌연한 그리움을 느낀다. 욘이 나를 찾아온다. 일요일이다. 뉴스에서는 며칠 전부터 눈 폭풍과 추위와 재앙 같은 겨울의 출현을 경고한다. 눈은 오지 않고 폭풍이 치고 그게 전부다. 그래서 나는 실망한다. 욘은 안도한다. 그는 날씨가 자신의 행로를 결정하는 걸 좋아하지 않는다. 나는 욘이 날씨에 대해 전혀 모른다고 생각한다. 우리는 창가에 앉아 폭풍을 내다보고 돌풍에 의해 들판 위로 내동댕이쳐지는 까마귀들을 관찰한다. 까마귀들은 순순히 몸을 맡기고 검은 경작지 위로 휙 날아간다. 우리는 차를 마신다. 내가 부엌에서 차를 끓이는 동안 욘이 탁자 위에 촛불을 켜 두었는데 이 불을 켜는 행위가 나에게는 몹시 개인적으로, 거의 친밀하게 여겨진다. 욘은 페르 올로프 엔크비스트의

《타락 천사》를 다시 가져왔다. 그는 우리와의 관련성을 찾지 못했다고 말하는데 그건 이상한 일이다. 왜냐하면 나는 혹 무슨 관련이 있어서 이 책을 그에게 준 게 아니니까. 나는 이 책에서 한 문장을 인용했을 뿐이고—그건 이보다 간단하지 않다. 그런데 누가 그게 간단할 거라고 말했나—욘은 이 문장에 흥미를 보였었다. 그게 전부다. 나는 삼십 년 전에 몹시 좋아했던 이 책을 욘에게 빌려주기 전에 다시 한번 읽었다. 당시와 달리 이제 인터넷이 있었고 나는 인터넷에서 피농*을 검색했었다. 내가 상상하던 마리아와 피농의 얼굴은 인터넷 속 사진으로 대체되었다. 이 과정은 나에게 의미심장하게 여겨졌고 결국 그 이야기의 신비로움을 없애 버렸다. 얼음 속 내 얼굴에 입김을 불어. 파스쿠알 피농은 1889년 멕시코에서 태어나 텍사스 연시年市에서 쇼맨으로 등장했고 이마에 종양이 있었는데 거기에 화장을 해서 여자 얼굴을 만들었다. 그렇다. 욘은 관련성을 찾지 못했지만 그럼에도 이 책을 재밌게 읽었다고 말한다. 그는 나에게 지금 뭘 읽고 있느

---

* 소설 《타락 천사》의 등장인물. 실존 인물인 파스쿠알 피농을 모델로 삼았다.

냐고 묻고, 나는 가와바타의 《설국》이라고 말하는데 이는 사실이 아니다. 폭풍이 거세지고 빛이 줄어든다. 욘이 계속해서 터놓기에 열중한다. 그는 자기 이야기를 하고 싶어 하고, 여자들과의 복잡한 관계에 대해 이야기하고 싶어 한다. 그럼으로써 왜 자신이 이걸 하고 저걸 하지 않는지 설명하려 하고, 연관을 만들려 한다. 물론 그는 멀리 가지 못한다. 변죽만 울리다가 내게로 공을 넘긴다. 나보고 내 이야기를 하라고, 남자들과의 복잡한 관계에 대해 이야기하라고 한다.

나는 그것을 거부한다. 내가 말한다, 남자들과의 복잡한 관계 같은 건 나한테 아예 없어.

그가 말한다, 아냐, 있어. 그리고 당신은 그것에 대해 쓰잖아. 그걸 글로 쓰잖아.

내가 어안이 벙벙해서 말한다, 아니, 나는 그걸 글로 쓰지 않아. 나는 지금 이 일도 글로 쓰지 않고, 나의 소위 남자 이야기도 글로 쓴 적이 없다고.

그가 말한다, 아하.

나는 우리가 완전 정확히 서로 엇갈리게 말한다는 인상을 받는다. 그가 느끼기에게도 마찬가지고 그는 일어나서 방 안을 걷는다. 그리고 이 순간에 나는 아다에 대해 돌연하고 유리처럼 투명한 그리움을 느낀다. 그녀의 얼굴과 자세, 정확하면서 무성의하게 식탁을 차리는 방식, 거친 파란색 모직 풀오버 위로 보이던 셔츠 칼라에 대해, 풀오버 위에 셔츠를 입는, 단정한 동시에 한계를 없앨 가능성을, 완전한 무절제를 암시하는 그 방식에 대해 미칠 듯한 그리움을 느낀다. 욘과의 대화는 뭔가 진을 빼 놓는다. 내 나이는 뭔가 진을 빼 놓는다. 내가 아다에게 그리움을 느끼는 건 내가 특정한 시절에 대해, 과거에 대해, 불확실한 무언가에 대해 그리움을 느끼기 때문이다. 강림절 일요일들, 우리는 아다의 집에서 만났다. 그녀가 이혼 후에 이사 간 집이었다. 아이들은 아직 어렸다. 아다의 아들은 아주 어리고 내 아이는 어린 남자애고 아다의 딸은 예쁜 여자애였다. 우리는 아이들을 데리고 탁자에 둘러앉아 성탄절 오라토리오를 듣고 밀랍판에서 잘라 낸 모티프들을 초에 붙였다. 아이들의 초는 별과 하트로 장식되었고 어른들의 초는 기하학적 형상들, 말들과 상징들로 더 복잡했다. 모든 이들 중에서 만들기에 가장 열중한 사람은 마르코였다.

부유기.

그는 자칭 '부유기' 프로젝트를 진행하고 있었다.

이 영구 기관은 공 안에서 회전하며 세상을 떠다니는 알인데 무한 동력으로 움직였다. 그것은 이해할 수 없고 분명 무의미한 프로젝트로 완전히 비과학적이며 시적 이미지이자 관념이었다. 그는 부유기의 구조를 밀랍판에서 잘라 내고 서로 맞물리는 금색과 은색 고리들을 자신의 초에 붙였고, 아이들은 마치 자신들이 말을 걸면 그가 그만두고 가 버릴 거라 생각하는 듯 숨을 멎은 채 열중해서 그 광경을 지켜보았다. 저녁이 되면 우리는 와인을 마셨고 아다는 거위를 오븐에 넣었다. 자연스럽게 겸사겸사. 그때는 우리가 별말 없이 거위를 굽던 시절이었다. 대체 우리가 무슨 별말을 하겠는가. 이십 년 후 욘과 내가 나누는 것과 같은 대화를 우리는 틀림없이 하지 않았다. 우리의 공동생활에는, 나는 이렇게 말하고 싶은데, 무언가 동물적인 면이 있었고, 그럼에도 우리의 생활 방식은 관습적이고 보수적이었다. 우리가 알던 것, 우리가 배운 것이 모두 그 안에 있었다. 강림절 일요일의 의식들. 초와 마르치판과 귤, 아마릴리스와 감탕나무로 만든 풍성한 꽃다발, 마루 위 가문비나무 잎과 음악, 함께하는 식사, 아이들과 함께하는 만들기. 우리는 이런저런 것을 배웠고, 그것을 실행에 옮겼다. 그리고 비록 그중 어떤 부분은 장식과 기만에 그쳤을지라도, 그걸 가능하게 한 사람은, 우리에게 구조와 맥락을 부여할 것을 고집한 사람은 아다였다.

그리고 욘이 내 뒤에서 방 안을 왔다 갔다 하는 동안 나는 이 모든 걸 생각하며, 그래서 나는 아다에 대해 이처럼 아주 당혹스러울 만큼 격한 그리움을 느낀다. 맥락들이 나에게서 미끄러져 사라지고 있기에, 맥락을 만들고 유지하는 이가 나 말고는 더 이상 아무도 없기에.

나이가 들면서 글쓰기는 굳게 믿던 중심에서, 자명한 침착함에서 멀어진다. 글쓰기는 생각 없음에서 멀어진다. 글쓰기는 더 예리해지는 동시에 더 적어진다. 끝나 버릴 수도 있다. 아니면 그 중심으로 되돌아와서 달리 시도한다, 다시 한번 처음부터 시도한다.

욘과 말하는 것은 번거로운 만큼 분명 꼭 필요한 일이기도 하다. 돌이켜보면 아다 그리고 다른 이들과 보낸 시절은 나에게 제2의 유년기처럼 여겨진다. 긴 최후의 술수, 어른의 삶과 상황의 심각성과 모든 것의 심각성을 회피하기. 아다가 한 모든 일은 하나의 그림을 이루었다. 그녀의 아이가 부엌 벽에 개발새발 그린 낙서, 창문턱의 자질구레한 물건, 봄이면 열린 발코니 문 앞의 탁자 위 꽃병에 꽂힌 시든 개나리 가지, 아니는 가슴 아래 허리에 팔을 두르고 왼쪽 팔꿈치를 오른쪽 손목으로 받친 채 발코니 문에 기대어 담배를 피웠다. 우리는 서로 거리를 두는 데 그토록 통달해 있었다. 그리고 내가 욘과 나의 대화를, 우리의 불완전한 말들, 암시들을 듣고 있을 때 나는 어느 자세가 더 적절할지 전혀 확신할 수 없다. 이 자세도 저 자세도 아닌가? 결국에는 모든 게 똑같은 귀결에 이르는 듯 보인다. 다시 한번 투르게네프를 빌리자면, 너는 손가락처럼 혼자다.

손가락은 얼마나 외로운가.

바깥이 완전히 저녁이 되었을 때 욘은 떠난다. 그는 이 텍스트 작업에 대해 내게 묻지 않는다. 감히 묻지 못한다. 하지만 그는 그때처럼 다시 한번 콜라주를 함께 시도하고 싶어 한다. 지방에서 함께 여행하던 중에 내가 그에게 나의 비밀을 털어놓고 그가, 알면서 혹은 모르면서, 비밀을 가지고 해야 할 일을 했던, 즉 비밀을 간직했던 그때처럼.

그가 떠나간다. 그리고 그가 재킷을 입는 동안—이야기에서 이 동안은 중요한 디테일이다—그는 다시 한번 내게 묻는다. 텍스트와 그림을 서로 맞추는 걸, 서로 대화하게 하는 걸 상상할 수 있겠느냐고.

　나는 상상할 수 있다고 말한다.

　정말로 나는 상상할 수 있다. 비록 힘들지라도 나는 그 일을 할 마음이 있고, 내 생각에 우리는 어쩌면 이런 식으로 앞으로 나아가는 걸지도 모른다. 나는 글로 뭘 쓰고, 욘은 그림을 그린다, 우리는 하나의 수수께끼를 다른 수수께끼와 교환하고 그럼으로써 세상의 수수께끼 같은 상황을 확장한다.

　그렇다면 문제는 다만, 욘이 말한다, 누가 먼저 하느냐야.

　나는, 내가 말한다, 절대로 먼저 안 할 거야.

나는 꿈을 꾼다.

　나는 내 어머니 꿈을 꾼다. 그녀가 나에게 메모 하나를 보냈는데 거기에는 그녀가 잘 지내지 못한다고, 눈앞에 별이 보이고 평형 장애가 있고 제대로 집중할 수가 없다고 적혀 있다. 그녀는 어디에서 읽었는데 이런 상황에서는 그냥 벽에 몸을 기대야 한대서 그렇게 하고 있고 그럼 분명 도움이 될 거라고, 게다가 아버지가 곧 돌아온다고, 그는 이른 아침에 돌아온다고 한다. 꿈속에서 나는 그걸로 됐다고 여기지 않고—벽에 몸을 기대고 아버지를 기다리는 것—그래서 나는 어머니를 찾다가 노이쾰른의 옛집에서 침대에 있는 그녀를 발견하는데 그녀는 거친 이불을 몸에 두르고 평소 원래 늘 아버지가 눕던 쪽에 누워 있다. 방은 삭막하고 온통 갈색, 황갈색, 흑갈색이고 어머니는 현재 내 나이와 같을지도 모르겠다. 그녀가 미소를 짓는다. 그리고 말한다. 아, 이제 괜찮아, 아무것도 아냐, 걱정 마라. 그리고 나는 악몽처럼 꿈에서 깬다.

나는 도시 외곽의 어느 황폐한 고층 주택 단지에서 아버지와 길을 잃은 꿈을 꾼다. 우리는 나가는 길을 찾다가 금방이라도 무너질 것 같은 지하도를 발견하고, 나는 망설이다가 결국 아버지를 그곳으로 이끌고 간다. 아버지는 자신의 권위를 전부 나에게 양도한 것 같은 인상을 준다. 아래쪽 계단에서 누더기를 걸친 수상쩍은 형체들이 나타나는데 그들은 옆으로 비키더니 우리를 지나가게 한다. 아버지가 연약해 보이나 보다. 이렇게 연약한 남자를 툭 치고 지나가는 건 무의미하다. 아버지는 나에게 팔짱을 끼고 자신의 오른팔을 내 왼쪽 팔꿈치 아래로 들이민다. 실제로 할머니가 그러던 것처럼. 지하도 한가운데에는 번쩍번쩍 환하게 불을 켠 대형 슈퍼마켓이 있고 우리는 냉동고 앞에 서서 굉장히 뚱뚱한 여자를 관찰한다. 여자는 가른 피타 빵에 손으로 아티초크 하트를 퍼 담은 다음 계산대로 가고 라마처럼 생긴 검은 개가 그녀의 쇼핑 카트를 끈다. 그 여자에게로, 이어서 내 얼굴로, 내게로 향하는 아버지의 눈빛, 마치 내가 수상한 모자에서 마술로 이 모든 걸 꺼낸 듯, 마치 이렇게 말하려는 듯, 네가 보는 세상은 이렇구나. 이 꿈을 나는 중단한다. 나는 내가 이 꿈을 중단하리라는 인상을 받는다. 이 꿈은 내게 너무 가깝다.

아버지가 내게 너무 가까이 온다.

이례적으로 내가 드레휘스 박사에게 빈약한 꿈 이미지를 제시하면 그는 즐겨 말하곤 했다. 그것에 대해 무슨 생각이 듭니까.

마치 이 질문이 불필요한 듯, 마치 내가 상황이 어떻게 돌아가는지 그사이 그래도 이해했어야만 하는 듯 가끔은 조금 흥분해서. 네가 꾼 꿈들에 대해 무슨 생각이 드는가? 이 질문을 마주할 때 나를 덮치는 이 긴 무게감, 순간적 의식 소실. 그늘진 의식. 불확실한 장소로 향하는 수상쩍은 길, 정말이지 어떤 이야기의 시작과 비슷하다. 한 사람이 다른 사람에게 말하는 이 한 문장, 마치 평범한 것을 넘어 무언가 엄청난 것을 의미하는 듯 내게 여겨지는 이 한 문장에 대해 나는 무슨 생각이 들까. 나는 어떻게 이 문장에 이르고, 어떻게 이 문장에 다가갈까.

부모님에 관한 이 두 꿈에 대해 나는 무슨 생각이 들까.
    내 기억의 아카이브에 나는 경탄한다. 노이퀼른의 몰락한 집, 갈색 코르덴 시트를 씌운 부모님의 접이침대, 나이트테이블로 쓰던 흔들거리는 작은 재봉대, 이콘용 벽감이 있는 타일 난로, 벽감 안에는 할머니가 전쟁 중에 밀가루와 교환했다가 나중에 다시 밀가루를 주고 되찾은, 도자기로 만든 멋쟁이새가 있었다. 언젠가 부모님의 침대에서 그쪽에 갈색 이불을 두르고 묵묵히, 둥둥 떠 있듯 누웠던 것은 할머니였다. 어느 일요일에 우리 집에 찾아왔을 때였고, 이후 그녀는 병원에 가서 그곳에서 죽었다.

나는 어머니가 걱정된다. 아버지 걱정은 덜하다. 내가 아버지와 벌이는 싸움은 다른 성격을 띤다. 게다가 나는 지금껏 평생 아버지 걱정을 해야만 했다. 나는 그와 함께 슈퍼마켓 냉동고 앞에 선 내 모습을 보고, 이에 관해 드는 생각은 무엇이 꿈을 현실과 구분하는지 결국 내가 전혀 모른다는 것이다. 빛, 색깔, 사랑, 불안, 당혹 같은 인상의 측면에서 꿈은 현실과 견주어 우월하진 않더라도 대등하다. 드물긴 하지만 그럼에도 어떤 꿈들에서 나는 사랑으로 녹아내리기도 하고, 하늘을 날기도 했다. 그리고 인형의 집 꿈에서 느낀 불안을 나는 오늘날까지 기억한다. 그것은 실존적인 불안이다. 나의 모든 세월과 얽힌 채, 여전히 존재한다. 혹시 내가 꿈을 너무 조금 꾸는 게 전혀 아닐지도 모른다는 생각이 든다. 혹시 나는 줄곧 꿈을 꾸는지도 모른다. 돌출창 벽에 압정으로 고정한 찢어진 쪽지에서 내가 읽은 게 혹시 맞을지도 모른다는 생각이 든다. 우리의 하찮은 삶은 잠으로 둘러싸여 있지. 그 집에 남은 마지막 사람이 되어 판도라의 상자인 문을 닫고 귀갓길에, 이른바 자기의 삶이라는 고역으로 돌아오는 길에 열쇠를 란트베어 운하에 던지는 일을 내게 맡긴 것에 대해, 십년 후 나는 아버지에게 기진맥진한 감사를 느낀다. 하지만 어쩌면 내가 그 쪽지를 꿈에서 본 걸지도 모른다. 사실 그 쪽지는 너무 통속적이다. 버려진 방들이며 그랜드 피아노며 문신한 운반 업자들이며 용이며 모든 상황이 통속적이다. 난센스고 무의미하다. 내가 꿈을 꾼 것이거나, 아니면 다른 모든 게 그렇듯 내가 지어낸 것이다. 러시아인 할머니, 빵 수프, 밤의 여왕 의상을 입은 아버지, 인형 극장, 인형 극장 뒤 내 침대, 내가 글로 읽은 게 분명한 굴라크 수용소에 있는 것 같은 침대, 그리고 침대와 합판 벽 사이 틈 속의 쭈그러진 사과, 빵 가장자리. 어머니가 내게 자주 말한 문장—넌 과장이 심해, 유디트. 넌 과장이 심해. 나는 종이를 먹는 게 어떤지 늘 궁금했다. 절대 누설해서는 안 되는 암호가 적힌 종이를 절체절명의 순간에 입에 집어넣고 꿀꺽 삼키기. 그리고 나는 내가 그 일을 했다고 지어낸 걸까, 혹은 나는 그 일을 했으며 아직 하고 있는 걸까.

직접적인 의미에서 그리고 비유적인 의미에서.
    나는 고양이를, 할아버지의 당구대를, 정신병원을, 면회 시간이 시작될 때 닫힌 병동 앞에서 내가 초인종을 누른 후에 발을 끌며 오는 간병인을 괴롭게 기다리던 일을 지어냈다. 섬의 등대지기, 바닷가 집, 그 여름들과 아다, 마르코와 나를 지어냈다. 성 전면의 늑대는 내가 꿈꾼 것이다. 밤중에 술집에서 드레휘스 박사와 만난 일, 담배와 진토닉은 아주아주 틀림없이 꿈꾼 것이다. 나는 분석을 꿈꾸었고, 나는 팬데믹 전체를, 지어낸 것이다.

지어내기와 꿈꾸기와 과장하기의 차이점은 정확히 무엇일까. 꿈의 본질은 그 내용이, 그 줄거리가 아니라 꿈을 꿀 때의 감각이며 촉각적인, 섬세한 의미에서 꿈의 재료다. 당신이 깨어나도 이 재료는 남는다.

나의 지난 책인 《우리 집》에서 여성 서술자는 딸과 통화를 하는데 딸이 있는 곳은 명확히 밝혀지지 않는다. 사막. 혹은 물. 이 딸은 말한다. 엄마가 지금 겪고 있는 것밖에 없어요. 그리고 그것에 대한 설명은 전부 지어낸 거고 엄마가 말로 표현하면 비로소 존재하죠. 내가 지금 책상에 앉아 동트는 흐린 아침을 내다보는 집과 비슷한 집에 사는 이 여성 서술자는 나다. 그리고 그녀는 꿈속 이미지다. 나는 그녀를 꿈꾸고, 그녀는 나를 꿈꾼다. 그녀는 정신적인 자매고, 아마 나는 그녀를 위해 하나의 이야기를 지어냈고, 드레휘스 박사의 말을 빌리자면 이 모든 걸 낯설게 하고 일

그러뜨린 나머지 더 이상 맞는 게 하나도 없지만 그럼에도 모든 게 진실하다.

내게는 딸이 없다. 내게는 아들이 있고 오빠는 없지만 늙은 삼촌이 있다. 나는 욘에게 말한다, 그 책에 당신은 나오지 않아. 그러자 그는 그럼 아주 안심이라고 말한다. 나는 그 말이 무슨 뜻인지 알지만, 그 책에 욘이 부재하는 것이 안심할 일인지 혹은 오히려 슬퍼할 일은 아닌지 나는 모른다. 꿈이 삶이든 삶이 꿈이든 상관없고, 이야기가 허구든 진실이든 반만 진실이든, 지어낸 것이든 사실이든—전혀 상관없다. 집들은 중요하다. 공간들, 당신 삶의 시기들의 사분면들, 내부 구조 그리고 이 집들을, 그 내부 세계를 떠나고 다시 그곳으로 돌아올 가능성. 나는 집으로 돌아간다, 카버의 시 구절이다, 그리고 새로운 시도를 한다. 짐작건대 이것은 글쓰기에, 삶에 가장 가까운 말이다.

새로운 시도를 하는 것.

《노란 집》의 표지에는 노란 집이 보인다. 창문, 돌림띠, 빗물받이, 사각형 화분, 합각머리와 문, 문은 빼꼼 열려 있고 이 틈새로 어린 소녀가 어두운 방에 슬며시 들어간다. 집으로, 그러나 동시에 지옥으로, 혹은 차라리 보호막으로, 속이 빈 공간으로, 골방 안의 골방 안의 골방으로 슬며시 들어간다.

이야기의 영혼.

불멸의 카슈체이*의 영혼. 그의 영혼은 몸 밖에 있는데 머나먼 바다에 있는 부얀섬의 참나무 아래의 철제 상자 안의 토끼 안의 오리 안의 알 안의 바늘 안에 숨겨져 있으며 이 바늘을 부숴야만 그가 죽는다. 게다가 그의 이마에서 부숴야 한다. 내게는 마치 그 소녀의 이미지가 노란 집과 깨달음의 문턱에, 그 상자로, 알로, 섬으로 가는 길의 문턱에 있는 듯 의미심장하게 다가온다. 나는 이 소녀와 비슷하다. 책상 전등 아래에서 자신의 작은 의자에 앉아 있는, 입이 무거운 나무 소녀와 내가 비슷하듯. 나무 소녀는 이미 종이를 먹고 꿀꺽 삼켰다. 그것만큼은 확실하다. 여기에서 내가 글쓰기에 관해 한 이야기들은 내가 쓰는 이야기들과 다르며, 그것은 하나의 이야기가 끝에 가서는, 내가 처음에 뭘 원했든 간에, 그냥 독립하기 때문이기도 하다. 이야기로 통하는 빼꼼 열린 문 뒤에

---

* 러시아 민담에 등장하는 악한.

는 늘 누가 서 있으며 그는 내 손을 잡고 나를 안으로 이끌고 내 뒤로 문을 닫는다.

잠근다.

그럼. 처음부터 다시.

나는 누구인가, 나는 어디에서 왔는가, 나는 시작에서 얼마나 멀어질 수 있는가, 나는 시작을 잊어도 되는가, 혹은 나는 시작을 일단 글로 쓴 다음 잊어도 되는가. 이십오 년도 더 전에 내가 베벨스플레트에서 이미 오래전에 사라진 컴퓨터의 자판에 쳤듯이, 나는 잘 모르겠다. 정말로 잘 모르겠다. 오늘날 생각하면 놀랍고, 내게는 그게 아주 옳다고 여겨진다. 그리고 나는 지금도 그렇다. 지금 여기에서.

정말로 잘 모르겠다.

올해의 익숙지 않게 무시간적이고 연약한 첫 나날에 욘과 함께하는 긴 산책 중에 한 번, 일요일 산책길, 안개 낀 들판, 수로 가의 캐나다 거위와 나일 거위 그리고 태양은 유리 같은 원판. 나는 그에게 묻는다. 아침을 어떻게 보냈어, 오늘 지금까지 뭘 했어. 그러자 그가 대답한다. 나는 블랙손 나무 가지치기를 했어.

왜 나는 이 대답이 나올 이야기를 내가 쓸 거라고

확신할까. 왜 나는 그걸 정말로 완전히 확신할까. 이 다섯 마디는 무엇과 관련이 있을까? 이 말에는 어떤 함의가 있을까. 이 모든 세월이 지나고 나면 그래도 이 말이 나를 넘어서는, 모든 개인적인 걸 벗어난 무언가와 연결되어 있을 수 있다. 나를 놓아주는 무언가와.

하나의 질문, 하나의 대답.

가지치기라는 말.

내가 잠을 자는 동안 욘이 블랙손 나무 가지치기를 하는 일요일 이른 아침, 가시가 난 단단한 가지들, 가지 위에 내린 서리, 고요한 날, 그리고 나는 잠을 잔다. 그리고 꿈을 꾼다. 그리고 꿈을 꾼다.

올리버 포겔에게 감사를 전한다.
그가 없었더라면 나는 프랑크푸르트 시학 강의록을
쓰지 않았을 것이다.

옮긴이 신동화
서울대학교 독어독문학과를 졸업하고, 같은 과 대학원에서 석사 학위를 받았다. 출판사에서 편집자로 일했으며 현재 번역가로 활동 중이다. 유디트 헤르만의 《레티파크》를 번역했고 그 밖에 옮긴 책으로 《실패한 시작과 열린 결말 / 프란츠 카프카의 시적 인류학》《무용수와 몸》《괴테와 톨스토이》《9시에서 9시 사이》《심판의 날의 거장》《밤에 돌다리 밑에서》《모래 사나이》《슈니츨러 작품선》《나르시시즘의 고통》 등이 있다.

말해지지 않은 것들에 대한 에세이

초판 1쇄 발행 2025년 8월 22일
초판 2쇄 발행 2025년 9월 5일

지은이 유디트 헤르만
옮긴이 신동화
책임편집 양하경
디자인 주수현

펴낸곳 (주)바다출판사
주소 서울시 마포구 성지1길 30 3층
전화 02-322-3675(편집) 02-322-3575(마케팅)
팩스 02-322-3858
이메일 badabooks@daum.net
홈페이지 www.badabooks.co.kr

ISBN 979-11-6689-372-8 03850

"The translation of this work was supported by a grant from the Goethe-Institut."
이 책은 괴테 인스티튜트의 번역 지원 프로그램의 도움으로 출간되었습니다.